# Time innovation
# タイム・イノベーション®
## 成果を創出する時間の有効活用術

西村 秋彦 著
NISHIMURA Akihiko

# はじめに

## 1. タイム・マネジメントのネクストステージ「タイム・イノベーション®」

　時間の有効活用術は、時間を有効に活用したいと考える人たちにとって大きな課題であり、関心事です。したがって、今日まで、時間の有効活用術として多くのタイム・マネジメントの方法が紹介されてきました。

　しかし、今までの時間の有効活用術には、もの足りなさを感じる人は多かったのではないでしょうか。なぜなら、従来から提案されてきたタイム・マネジメントの方法では「時間の性質ゆえの問題」と、「時間を活用する側の人間が抱える問題」を解決できず、大きな成果を創出できなかったからです。

　時間の性質ゆえの問題とは、「私たちに与えられた時間は、1日24時間。この時間を増やすことも減らすこともできない。活用してもしなくても、平等にとっておくことはできない」ということです。

　「時間を活用する側の人間が抱える問題」とは、「私たちはそれぞれ無意識に選択した人生計画をもっており、それにより自分が望む人生の過ごし方、つまり自分が望む時間の過ごし方と違う行動をついとってしまう」ということがあげられます。自分の目標実現のた

めに、理屈では何をすべきかがわかっているのに、何か駆り立てられるものがあって別の道を選択したり、別の行動をとってみたり、反対になぜか心理的な禁止のメッセージによる抑制が働いてチャンスを逃したり遠回りをしてしまうということがあるのではないでしょうか。

　実はこれは、幼児期に形成された「無意識に選択した人生計画」に起因するもので、誰もがもっているものです。それが、自分の目標実現に向かってうまく機能するものであれば問題はないのですが、自分の目標実現の妨げになる場合は、その原因を究明し、解決策を講じなければなりません。

　本書では、これらの問題を解決し、時間価値を高めていくという観点に立って有効な方法を提案していきます。過ぎ去っていく時間をためておく方法と、無意識に選択した人生計画への対処、そしてこれらと連動して時間価値を高めていくためのノウハウを伝えていきます。「タイム・イノベーション®」がタイム・マネジメントのネクストステージと言われる理由はここにあります。

## ２．成果を創出する「タイム・イノベーション®」

　本書では「時間の性質ゆえの問題」と、「時間を活用する側の人間が抱える問題」を解決し、時間価値を高めていく方法を解説していきます。臨床心理学と時間価値を高めていくためのノウハウを統合した内容になっているのが特徴で、「タイム・イノベーション®」を導入した企業では、実際に成果が上がっています。

●はじめに

　ちなみに、時間外勤務時間の削減を目的に、研修を導入した企業（本社415名、グループ全体で743名）での実績は下記の表の通りでした。

**タイム・イノベーション® 導入実績例**

| タイム・イノベーション®<br>導入実績例 | | 時間外勤務時間<br>（月平均） | 時間外手当<br>（月平均） |
|---|---|---|---|
| 本社<br>415名 | 前年同月との比較 | ▲2,877時間<br>▲33% | ▲686万円<br>▲33% |
| | 導入前の月との比較 | ▲2,270時間<br>▲28% | ▲525万円<br>▲27% |
| グループ<br>743名 | 前年同月との比較 | ▲7,140時間<br>▲41% | ▲1,164万円<br>▲33% |
| | 導入前の月との比較 | ▲5,975時間<br>▲36% | ▲1,048万円<br>▲31% |

　この企業はそれまで時間外勤務削減の努力をしていたのですが、それでも導入後にはそれまで以上の成果が出ました。また従業員のワーク・ライフ・バランスの向上にもつながりました。

　タイム・イノベーション®は、実践の中で開発されてきたノウハウと心理学、行動科学をはじめ多くの理論の応用を組み合わせて構築し蓄積してきたことの集大成です。実生活や実務における活用により構築し、成果を上げたことを体系化したものです。

　このタイム・イノベーション®は、総合力をつけるためのレベル1に始まり、さらに時間価値を高めるための高度なノウハウを習得していくことができるように、レベル4までの段階があります。

本書では、レベル 1 の内容の一部を紹介していきます。

　　　　　　　　　　　　　　　　　　　　　　　西村秋彦

# もくじ

はじめに

1. タイム・マネジメントのネクストステージ
「タイム・イノベーション®」——————————— i

2. 成果を創出する「タイム・イノベーション®」——————— ii

## 第1章
## 時間にまつわる問題とタイム・イノベーション® 1

1. 時間にまつわる問題————————————————— 2
    (1) 時間の性質ゆえの問題　　2
    (2) 時間を活用する側の人間が抱える問題　　3

2. タイム・イノベーション®とは ————————————— 5
    (1) 時間価値を高めるために注目すべき時間の要素　　5
    (2) パーソナリティと感情が行動を決める　　6
    (3) 時間価値を高める要素　　11
    (4) タイム・イノベーション®とは　　12
    (5) タイム・イノベーション®で有効な経験を
    蓄える　　13

（6）無意識に選択した人生計画が及ぼす影響　*14*

（7）人生の満足感を高めていくための
　　　タイム・イノベーション®　*17*

## 第2章
## 時間の使い方の診断とケースで学ぶ
## タイム・イノベーション®のエッセンス　*19*

1. 価値の高いタイム・イノベーション®を実現するために ──*20*

　（1）人生の脈絡に気づくための手掛かり
　　　……あなたの時間の使い方の傾向を診断する　*20*

　（2）無意識に選択した人生計画が生きざまとして
　　　現れる　*22*

　（3）駆り立てるもの、禁止のメッセージの関係と
　　　解決方法　*23*
　　　　①衝動に駆り立てる心の命令（ドライバー）　*23*
　　　　②禁止のメッセージ（ストッパー）　*25*
　　　　③ドライバーとストッパーのせめぎ合い　*25*
　　　　④パーミッションを与える　*26*

　（4）パーソナリティを構成する要素　*28*
　　　　①「厳格さ」を司る自我の機能　*29*
　　　　②「思いやり」を司る自我の機能　*31*
　　　　③「冷静さ」を司る自我の機能　*33*
　　　　④「創造性」を司る自我の機能　*35*
　　　　⑤「従順さ」を司る自我の機能　*37*

（5）「時間の使い方 35 のチェックリスト」の個別解説　　40

2．ケースで学ぶ時間の使い方――――――――――――――57
3．ケーススタディのアドバイス例――――――――――――72
4．心の充実を図る時間の使い方―――――――――――――91

### 第3章
## 時間の使い方の基本　　93

1．タイム・イノベーション® を実現するための前提 ――――94
2．時間の性質にまつわる 3 つの考え方 ―――――――――96

　　（1）標準時間タイプ／目標時間タイプ　　96

　　（2）他者との約束時間／自由にできる時間／
　　　　自分との約束時間　　97

　　（3）中断時間　　98

3．自分の時間の使い方を分析する――――――――――― 100

　　（1）セルフチェック・シートの使い方　　101

　　（2）仕事の役割と自己目標のすり合わせ　　106

　　（3）望ましいキャリアビジョンを描くために　　109

　　（4）「無意識に選択した人生計画」からの脱却　　111

## 第4章

# タイム・イノベーション®の8つのスキル　*115*

1. タイム・イノベーション®の8つのスキルについて ——— *116*
   - （1）タイム・イノベーション®の8つのスキル　*116*
   - （2）タスク設定シートを活用する　*117*

2. タイム・イノベーション®のスキル1……状況分析 ——— *120*

3. タイム・イノベーション®のスキル2……項目列挙 ——— *128*
   - （1）WBS　*129*

4. タイム・イノベーション®のスキル3……潜在問題対処 ——— *131*
   - （1）潜在問題の分析方法　*131*
   - （2）予防対策と発生時対策　*133*

5. タイム・イノベーション®のスキル4……時間構造化 ——— *136*

6. タイム・イノベーション®のスキル5……順序構成 ——— *142*
   - （1）順序構成の方法　*142*
   - （2）プロジェクト・マネジメントの場合のポイント　*143*
   - （3）クリティカルパス法　*147*
   - （4）週間行動計画表　*152*
   - （5）週間行動計画表の活用方法　*153*

## 7. タイム・イノベーション®のスキル6……コミュニケーション対応 ———— 161

（1）コミュニケーションの重要性　*161*

（2）相手の立場になって話を聴く　*161*

（3）相手の存在を認知していることを伝える　*162*

（4）討議効率を上げる　*163*

（5）会議の成果を高める　*164*

（6）心理ゲーム（心理的ゲーム）を回避する　*165*

## 8. タイム・イノベーション®のスキル7……実行管理 ———— 169

（1）実行管理　*169*

（2）管理職やリーダーに求められる実行管理スキル　*169*

（3）セルフ・マネジメントとしての実行管理スキル　*171*

## 9. タイム・イノベーション®のスキル8……習慣化 ———— 173

（1）行動習慣を身につける前の心の状態の
習慣化から始めよう　*173*

（2）自分に必要な自我の機能を高める習慣のヒント　*173*

（3）行動習慣を決める　*175*

（4）行動を起こさせる環境づくりと続けるための工夫　*175*

（5）目標による管理を習慣化する方法　*176*

　　①初詣は「目標による管理」としての
　　　優れたシステム　*177*

　　②初詣のお願い事は前年の8月から
　　　考え始める　*178*

③初詣のお願い事にはエントリー期間がある　*179*
④いよいよ初詣に　*180*
⑤初詣のプロセスには進捗管理もある　*180*
⑥毎年、履歴書・職務経歴書を更新しよう　*181*

## 第5章
# タイム・イノベーション® の組織的活用　*183*

1. **組織におけるタイム・イノベーション® の活用** ──── *184*
    - （1）トップの行動　*185*
    - （2）組織に横たわる問題の発見と解決　*186*
    - （3）組織行動としての3つの段階　*188*
    - （4）グループレベルでの活用　*189*
        - ①集団規範の存在　*189*
        - ②集団凝集性とは　*190*
        - ③集団凝集性と生産性の関係　*191*
        - ④集団凝集性を高めるには　*192*
        - ⑤集団凝集性を望ましい方向に向けるには　*192*
    - （5）組織システムレベルでの活用　*193*

おわりに　*198*
付録　タイム・イノベーション® 関連フォーマット　*201*
参考文献／登録商標　*208*
さくいん　*209*

# 第1章

## 時間にまつわる問題とタイム・イノベーション®

# 1 時間にまつわる問題

## （1）時間の性質ゆえの問題

　私たちに与えられた時間はみな平等で、1日は24時間です。この時間を増やすことも、減らすこともできません。何よりも厄介なのは、時間は活用してもしなくてもみな平等に消滅していき、とっておくことができないということです。これが時間の性質です。このことは私たちの誰もが知っていることであり、どうすることもできないと諦めている人が多いのではないでしょうか。

　しかし、問題はこれだけではありません。例えば1時間という時間の価値を評価するときには、その1時間という時間だけでは何も評価できないのです。その1時間をどのように過ごしたかということが伴わないと評価に値しません。それが、ただ漠然とぼんやり過ごした1時間なのか、考え事をして重要なヒントをつかんだ1時間なのか、誰かとの会話に費やした時間なのかによって価値は異なります。

　最後の、「誰かとの会話に費やした1時間」をとってみても、自分がどのように費やしたいのかという目的があって初めて時間の価値が評価できるようになります。例えば、気晴らしをしたいと思って過ごした時間なのか、何かヒントを得たいと思っていたのか、将

来のための人間関係づくりが目的だったのか。これらの目的に対して、どれだけの成果があったか、目的以上の何かを得ることができたのかで時間の価値は評価する必要があります。

　つまり、私たちに与えられた時間は１日24時間で、その時間は、どのような活用の仕方でも、あるいは活用してもしなくても、みな平等に消滅していく性質のものであるということです。５分、10分、１時間という時間そのものは５分、10分、１時間と経過すれば、その時間が過ぎ去ったということになります。

　ただ、前述の通り、その５分、10分、１時間という時間の価値は、本人が抱く目的と、その目的に対して時間をどのように過ごしたかで大きく異なってくるのです。

　過ぎ去る時間の長さは誰もがみな平等ですが、その時間の価値をどのようにするかは自分次第で大きく変わるということです。過ぎ去る時間をいかに価値ある時間にしていくかが大きな課題です。そして、ぼんやりしていても過ぎ去る時間、５分、10分と過ぎ去る時間の積み重ねが人生なのですから、人生の価値をより高いものにするためにも、５分、10分と過ぎ去る時間を人生にとっていかに価値ある時間にしていくかが大きな課題なのです。

## （２）時間を活用する側の人間が抱える問題

　時間にまつわるもう１つの問題は、時間を活用する側の人間が抱える問題です。それは、私たちはそれぞれ無意識に選択した人生計画をもっており、それにより自分が望む人生の過ごし方、つまり

自分が望む時間の過ごし方と異なる行動をとってしまうということなのです。私たちは自分の目標実現のために理屈では何をすればよいかがわかっているのに、何か駆り立てられるものがあって別の道を選択したり、別の行動をとってみたり、反対になぜか抑制が働いてチャンスを逃したり遠回りをしてしまうということがあるのではないでしょうか。

　実はこれは、幼児期につくられた無意識に選択した人生計画に起因するもので、誰もがもっているものです。それが、自分の目標の実現に向かってうまく機能するものであれば問題はないのですが、目標の実現の妨げになる場合は、その原因を究明し、解決策を講じなければなりません。

　本書では、これらの問題を解決し、時間価値を高めていくという観点に立って蓄積してきた有効な方法を伝えていきます。冒頭でも述べましたが、過ぎ去っていく時間をためておく方法と無意識に選択した人生計画への対処、そしてこれらと連動して時間価値を高めていくことに焦点を当て、ノウハウを伝えていきます。

# 2 タイム・イノベーション® とは

## （１）時間価値を高めるために注目すべき時間の要素

　時間価値を高めるために、行動に伴う時間という観点で、時間をその要素に分解してみましょう。まず、ある行動の時間価値を評価しようとするならば、行動を起こしてから、行動を終えるまでの時間とその結果である成果を見比べて時間価値を評価します。

　行動に伴う時間ということに着目すると、「始まり」と「終わり」という「時」があり、同時に始まりから終わりまでの間の「時間」があります。前者の「時」とは「開始の時刻」「終了の時刻」ということであり、「点」をイメージするとわかりやすいかもしれません。つまり、いつから始め、いつ終えたのかという時刻です。そして、開始の時刻から終了の時刻までの間が、何かに費やした「時間」ということになります。時間は「開始の時刻」から「終了の時刻」までに「かけた時間」であり、「線」をイメージするとよいでしょう。

　いつから始めるのか、いつ終えるのかという時刻は、タイミングという時間価値を決める要素になります。よいことを行っていてもタイミングが悪いと、よい評価をしてもらえないものです。つまり時間価値を考えるときにはタイミングのよしあしが重要だということです。

**図表 1-1　時間価値を決める要素**

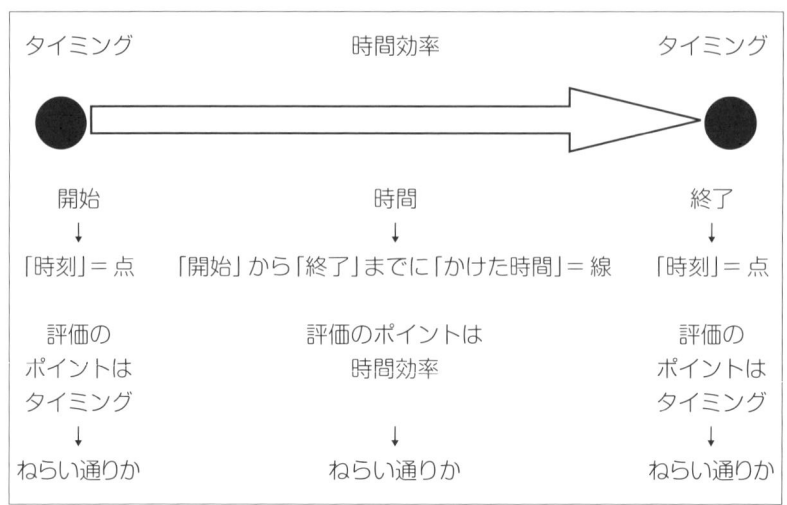

　しかし、タイミングがいくらよくても、その内容がよくなければ、やはりよい評価には結びつきません。これは、開始から終了までの時間の費やし方の問題ということになります。ねらいはよかったが時間効率が悪く、時間がかかり過ぎて納期までに完成しなかったという場合や、時間効率はよかったが、ねらいそのものが的外れだった、あるいはねらいも的外れだし時間効率も悪いという場合もあります。

## （2）パーソナリティと感情が行動を決める

　何をいつから始め、どのように時間を使い、いつ終了するのかという時間の要素には、それを行うという行動が伴います。「意思決

定」をして行動をとったという実感が伴う場合もあれば、「意思決定」という認識がなく行動をとっている場合もあります。いずれの場合であっても、その人のパーソナリティと感情が、行動に影響を与える主な要因になると考えています。

　パーソナリティとは、その人らしい独自の行動の仕方を決定する心理的特性です。一般的には「状況や時間を超えてある程度一貫し安定した、その人らしい独自の行動の仕方を決定する心理特性」（山口裕幸、芳賀繁、高橋潔、竹村和久著『産業・組織心理学』有斐閣刊、2006）などと説明されています。

　そして、具体的にパーソナリティとは何かについては様々な説があります。

　『続セルフコントロール』（池見酉次郎、杉田峰康、新里里春著、創元社刊、1979）では、人格を形成する諸層（諸要素）を、①人間存在の原点、②気質、体質、③狭義の性格、④習慣的性格の4層に分けて説明しています。そして、③狭義の性格と④習慣的性格を合わせて、パーソナリティと呼んでいます。

　ここでは、人格を形成する諸層（諸要素）とその関係図に基づき、次のように定義づけを行ってみます。
　　①人間存在の原点……人間としての共通の存在様式（命のあり方）と説明されています。
　　②気質……遺伝的、先天的な情動を伴う個人の特質の部分です。
　　③性格……主に子どもの頃の家族や周囲の環境の影響により、各人の継続的な行動様式をもつようになると言われています。そ

の個人的な行動様式の基となる情意や意志などという内面に着目したものを性格とします。

④習慣的性格……社会環境や文化的な背景などによって違ってくる習慣的な反応態度です。

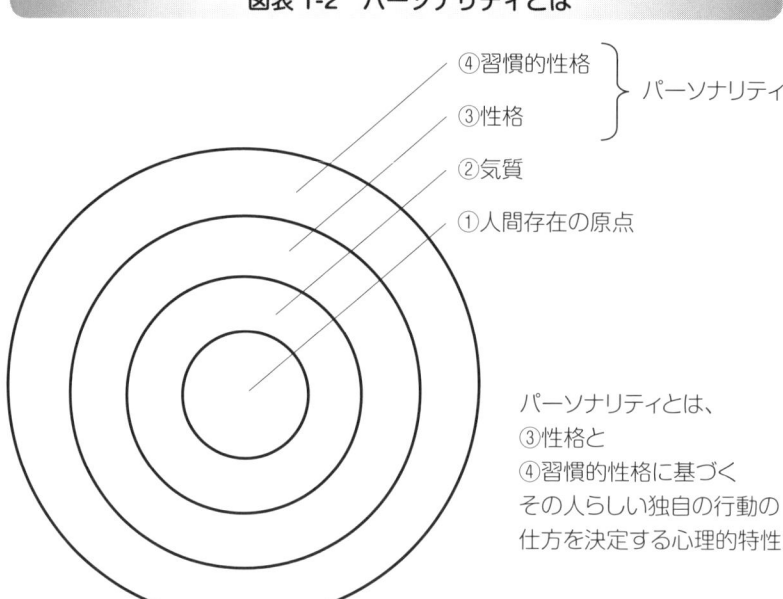

図表1-2　パーソナリティとは

パーソナリティとは、③性格と④習慣的性格に基づくその人らしい独自の行動の仕方を決定する心理的特性

出典:『続セルフコントロール』（池見酉次郎、杉田峰康、新里里春著）創元社刊（1979年）を基に筆者加筆

　パーソナリティを構成する要素についても、様々な説があります。本書では、日常生活や実務で活用するための実践的なパーソナリティの見極め方として、『人物の本質を見極める採用面接術』（西村秋彦著、産業能率大学出版部刊、2012）で説明した内容（図表

1-2，1-3の③性格、④習慣的性格）を活用します。
　この考え方では、パーソナリティを構成する要素は、次の５つになります。

1. 厳格さ、ルール遵守度
2. 他者への思いやり、周囲への関心度合い
3. 冷静さ、情報収集・分析力、論理性、判断力
4. 自発性、行動力、明朗、自由奔放さ、創造性、遊び心
5. 従順さ、または諦め、または反抗心

これらについては第２章で詳しく解説します。

　パーソナリティと感情が、私たちの行動に影響を与える主な要因であるということについて、図表1-3を基に説明します。この図表は人が意思決定し行動を起こす場合のプロセスを表したものです。この図表から「感覚・知覚」と「価値観・判断基準」が、人の「意思決定」と「行動」の元となっていることがわかると思います。人間は、物事を「感覚・知覚」として感じ取り、感じ取ったことに基づき「理解・解釈」し「思考」します。そして、何か行動を起こす時には、自分の「価値観・判断基準」に照らして、「意思決定」し、その後「行動」を起こします。
　さらに、先に説明した①人間存在の原点、②気質、③性格、④習慣的性格が「感覚・知覚」の大本になっており、また、その後のプロセスである「理解・解釈」「思考」「価値観・判断基準」「意思決定」

「行動」の大本でもあることがわかります。

　本書では、その中でも特に「③個人的な行動様式の基となる情意や意志などという内面」と「④社会的環境や文化的な背景などによって違ってくる習慣的な反応態度」をパーソナリティとしています。このパーソナリティが感情のもち方に関係します。つまり、「感覚・知覚」から「行動」に至るプロセスには、パーソナリティとパーソナリティによって起こる感情の影響があるということです。「パーソナリティと感情が行動を決める」としたのは、このような理由からです。

図表1-3　パーソナリティと思考、行動の関係

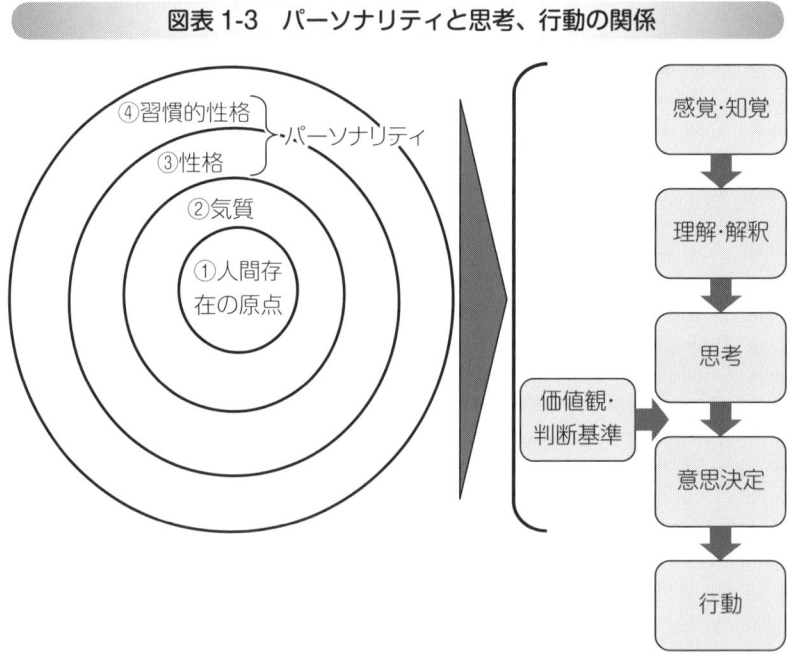

出典：『人物の本質を見極める採用面接術』（西村秋彦著）P.145、産業能率大学出版部刊（2012年）

「パーソナリティと感情が行動を決める」ということについて、心理学的な見地から説明をしてきましたが、脳科学の研究からも次のような報告があります。

「脳内の感情信号を処理する機能が失われた人は、危機に立たされつつある状況において、その状況を理解していながら、危機を回避するための行動をとらなかった」

つまり、脳科学の研究からも、「人間は理性だけでは意思決定できず、意思決定には感情が必要だ」ということが言えるようです。

理性があれば的確な意思決定を行い、行動できるとついつい思いがちですが、実は人が意思決定をして、そこから行動を起こすには感情が必要なのです。

そして、各人が抱く感情の大本にはパーソナリティがあるわけですから、パーソナリティと感情が、時間価値の評価にも、時間の過ごし方である行動にも大きな影響を与えるということになります。

## (3) 時間価値を高める要素

時間価値が高いと感じるのはどのようなときでしょうか。私は、自己の人生の目標が明確になり、自分の人生脚本との整合性がとれていて、日頃の行動が伴い、納得した時間の過ごし方ができているときだと考えています。

そのためにはまず、自分の人生の目標について確認する必要があります。明確でなければ、明確にする必要があります。どこまで明確にすべきかは、自分自身に委ねられるところですが、少なくとも

自分が理想とする将来の方向に向かうにあたり、将来振り返ったときに、時間がもったいなかったと後悔することのないようにしたいものです。

## （4）タイム・イノベーション® とは

　タイム・イノベーション® とは、自分自身の時間価値の最大化を図るために、時間というパラメータを用いて、自己の革新と成長を図ることです（パラメータは媒介変数と訳されます。簡単に言うと、主要な変数、あるいは補助的な変数を意味します。ここではやることの価値を測るときに、やることにかけた時間という数値を活用していこうとするものです）。

　タイム・イノベーション® には、時間価値の最大化を図るための考え方・ノウハウ・スキルがあります。具体的には、第1節で述べた「時間にまつわる問題」、すなわち「時間の性質ゆえの問題」と、「時間を活用する側の人間が抱える問題」を解決し、時間価値を高めていく方法として、長年にわたり考案と実践を繰り返すことで構築してきたものが、このタイム・イノベーション® です。

　時間の性質ゆえの問題とは、「私たちに与えられた時間は、1日24時間。この時間を増やすことも減らすこともできない。活用してもしなくても、平等にとっておくことはできない。」ということを指します。

　時間を活用する側の人間が前述の時間の性質ゆえの問題に直接関係することとしては、「投入した時間に対し、よりよい成果を上

げるにはどうしたらよいか」ということがあります。この問題の大きな原因の一つとして次のことが挙げられます。私たちはそれぞれ無意識に選択した人生計画をもっており、それにより自分が望む人生の過ごし方、つまり自分が望む時間の過ごし方と異なる行動をついとってしまうものです。自分の目標実現のために理屈では何をすればよいかがわかっているのに、何か駆り立てられるものがあって衝動的に別の道を選択したり、別の行動をとってみたり、反対になぜか心理的な禁止のメッセージによる抑制が働いてしまったりしてチャンスを逃したり、遠回りをしてしまうということがあるからです。それが自分の目標実現の妨げになる場合は、その原因を究明し、解決策を講じなければなりません。

　このような大きな問題を解決し、時間価値を高めていくための考え方・ノウハウ・スキルがタイム・イノベーション®にはあります。そして、日々の時間価値を高めていくということは、その積み重ねである人生の価値を高めて行こうというものです。

## （5）タイム・イノベーション®で有効な経験を蓄える

　時間はためておくことはできず、みな平等に過ぎ去っていきます。そんな中で誰もが、もっと有効に時間を使いたいと望みます。

　では、この問題を解決する有効な方法はないのでしょうか。時間は確かに過ぎ去っていきますが、考えようによっては、その過ぎ去っていく時間を自分にとって価値のある経験に変換して蓄積すること

はできます。

　では、過ぎ去っていく時間を価値ある経験に変換するという、有効な蓄積とはどういうことでしょうか。それは、自分が望む将来像に必要な知識や経験を得ることへの時間の投資だと考えています。なりたい自分、望ましい自分になるために、時間を有効な経験に変換する時間活用術、そして有効な経験の蓄積を促進する術、これもタイム・イノベーション®です。

　しかし、なりたい自分、望ましい自分になるために、時間を有効な知識・経験に変換し活用しようと思っても、かけた時間に無駄がなく、本当に価値あることを行い続けていくのはけっこう難しいものではないでしょうか。ことに、長い期間の蓄積を行おうとする場合と、チャレンジ度が高い場合などは、いつの間にか別の方向に寄り道してみたり、途中でやめてしまって、後で「もっと頑張っていれば」と思うことも多いのではないでしょうか。それが比較的短い期間の場合でも、実はけっこう難しいと言えます。それは次の理由があるからです。

## （6）無意識に選択した人生計画が及ぼす影響

　私たちは、乳幼児期の頃の親子関係の中での感情体験に基づき、子どもなりにこれからどうやっていくのがよいかを無意識のうちに決め、その後はその方向へと生きていってしまう人生の筋書きをもっていると言われています。これを、ある心理学では「人生脚本」と呼んでいます。人生脚本は、私たちの子ども時代に形成され、親

子関係によって強化され、それ以降に起こる様々な出来事によって正当化された、無意識に選択した人生計画です。

　いつの間につくられたかというと、それは、私たちがまだ言葉を覚える前の乳児期までの間の親子関係において感覚的に身につけてしまったことが人生の筋書きのスタートだと言われています。親が子どもに注ぐ愛情や関心あるいは軽視・無関心・無視という心理的な関わり合いと、その親の心理状態に基づいてとられる具体的な態度や行動から何かを感じ取り、感覚的に身につけることがそのスタートということになります。

　親の心理状態に基づきとられる具体的な態度や行動とは、さまざまな愛情表現であったり、あるいはそれとは逆の叱ったり、叩いたり、つねったりということなどです。さらには、この叱ったり、叩いたり、つねったりする行動は、親の側の様々な事情が反映されていると言われています。例えば親が感じている不幸、みじめな気持ち、不安、失望、怒り、欲求不満などが態度や行動に現れて、子どもに感覚的に伝わるのです。そして子どもは、このような親との関係の中でどのように振る舞えばよいかを試行錯誤し、本能的に身につけていくのです。

　これがもとで、人生に対する基本的な態度が形成されていくことになります。自分に対する信頼、他人に対する信頼を抱けるかどうかといったことなどもこの段階で形成されていきます。

　その後、言葉を覚え始めると、親が言葉で伝えるしつけなど人生の生き方についての基本的なメッセージとして受け取り、子どものパーソナリティ形成に影響するものとなっていきます。このメッ

セージの中で強力な影響をもつものは、子どものその後の人生で、ある態度や行動をとらせてしまうような働きをします。

　このように、乳児期に感覚的に身につけてしまったことや人生に対する基本的な態度に始まり、その後言葉を覚えてから、親から受け取った自分の態度や行動に影響を及ぼすようなメッセージを一方ではパーソナリティに取り込み、また一方ではこれらにより人生の筋書きをつくり出してきたということになります。このパーソナリティと人生の筋書きは相互に関連していきます。

　そして、児童期になると、これまでに起こった感情体験に基づき、子どもなりにどうやっていくのがよいかを（無意識のうちに）決めて、その後はその方向へと生きていってしまい、それが、人生の筋書きとなるのです。

　このように無意識に選択した人生計画は、人生における大切な意思決定にも、また日常の様々な意思決定にも影響を及ぼすと言われています。

　このようなことから考えてみると、普段何かを意思決定して行動したり、瞬時に反応して行動をとることは、実は無意識に選択した人生計画によって引き起こされていることも多いのではないかと思います。私の場合は、このようなことを知り、なるほどと思い当たることはたくさんありました。その無意識に選択した人生計画が、今後の自分によい影響を与えてくれるものであれば問題はありません。しかし、それが、なりたい自分や望ましい自分になることに支障をきたすことがある場合は、対策が必要です。

## （7）人生の満足感を高めていくためのタイム・イノベーション®

　無意識に選択した人生計画が、自分の理想とは異なる行動に駆り立てたり、なぜか心理的な禁止のメッセージによる抑制が働いてしまったりしてチャンスを逃したり、遠回りをしてしまうということの原因であり、なおかつ過ぎ去っていく時間を蓄えようとするときの判断や行動に影響を及ぼし非効率をもたらす原因にもなるのです。

　こうした原因に目を向けると、単なる「効率的な時間活用術」だけでは、このような問題は解決しません。なぜなら時間の上手な使い方の手法以前の、時間をどのように使うかを決める自分自身の「感覚・知覚」から「理解・解釈」「思考」「価値観・判断基準」「意思決定」のプロセスとそのプロセスに一定の方向づけをするパーソナリティの問題だからです。

　なりたい自分、望ましい自分になるために何を行うべきかという意思決定とそこから先の効率的な時間の活用術がうまく連携してこそ、時間価値が高まるのです。そのための方法がタイム・イノベーション®です。過ごしていく時間の積み重ねが人生なのですから、人生の価値つまり人生の満足感を高めていくための方法がこのタイム・イノベーション®なのです。

　時間投資を価値あるものにするには、①自分がやりたいこと（理想、希望）、②自分ができること、あるいはこれからできるようになりたいこと（能力）、③世の中から求められていること（ニーズ）

の３つがうまく重なることを自分の進むべき道として見出すことが重要です。
　　自分の進むべき道を見出し、その道を効率よく進むためには、まず人生脚本の妨げを避けて時間効率を高め、過ぎ去っていく時間を知識や経験の蓄積による自分にとって有効能力に変換することが必要なのです。タイム・イノベーション®では、人生脚本の妨げを避けて時間効率を高めるために、自分の進むべき道を発見することも重要視しています。

# 第2章

## 時間の使い方の診断とケースで学ぶタイム・イノベーション®のエッセンス

# 1 価値の高いタイム・イノベーション®を実現するために

## （1）人生の脈絡に気づくための手掛かり……あなたの時間の使い方を診断する

次の「時間の使い方35のチェックリスト」は、私たちの時間の使い方に関わる傾向や行動を列挙したものです。その中で、あなたの時間の使い方に関わる傾向や行動で当てはまると思う問いの項目にチェック（☑）をつけてみてください。

図表2-1　時間の使い方35のチェックリスト

| No. | チェック | 問い |
|---|---|---|
| 1 | ☐ | 計画通りに事が進まないとイライラする。またはやる気が出ない。 |
| 2 | ☐ | 決めていたやり方や手順がずれてくると、それを立て直すことに神経がとらわれてしまう。 |
| 3 | ☐ | 期限が近づくまで本腰を入れては動き出さない。 |
| 4 | ☐ | よりよい仕上がりにするために、期限ぎりぎりまであれこれ努力する。 |
| 5 | ☐ | 自分にとっての必要なことよりも、他人から言われた用件を優先する。 |
| 6 | ☐ | 所属する集団にもたらされる結果を考えて仕事を処理する。 |

| 7 | ☐ | その仕事を期待している人の価値基準に合わせて対応する。 |
|---|---|---|
| 8 | ☐ | 他人が困っていると放ってはおけない。 |
| 9 | ☐ | やり方のわからないことより、やり方のわかっていることを優先する。 |
| 10 | ☐ | 時間のかかることは後にして、時間のかからないことから取りかかる。 |
| 11 | ☐ | 難しいことは後にして、簡単なことから取りかかる。 |
| 12 | ☐ | 問題が起こったり、突発的なことが起こるとそれを優先し、場当たり的にこなす。 |
| 13 | ☐ | 最も早く決着がつくことを優先させる。 |
| 14 | ☐ | 大きな仕事よりも小さな仕事から先に取り組む。 |
| 15 | ☐ | 時間が決められていることから先に取り組む。 |
| 16 | ☐ | 重要なことよりも急ぎのことを優先する。 |
| 17 | ☐ | 目の前に出現した順序に沿って取り組む。 |
| 18 | ☐ | 納期や時間が気になり、早く終わらせないと落ち着かない。 |
| 19 | ☐ | それをしたときとしなかったときに自分にもたらされる結果が何であるかを考えて対応する。 |
| 20 | ☐ | 目先の自分にとってやらないと不利になることへの対応を優先する。 |
| 21 | ☐ | 自分の個人的な目標や関心事の達成を早めることを優先する。 |
| 22 | ☐ | やりたくないことは後回しにして、やりたいことから先に取り組む。 |
| 23 | ☐ | 時間をかけて取り組まないと仕事をしたという気になれない。 |
| 24 | ☐ | 取りかかったことは自分の気がすまないうちは、気になってやめられない。 |

| 25 | ☐ | 時間を使った分を何とか回収しようとして時間を費やす。 |
|---|---|---|
| 26 | ☐ | 仕事の意義を理解できないことは、後回しにする。 |
| 27 | ☐ | 他人のやり方ではなく、自分のやり方を見出さないと仕事を開始しない。 |
| 28 | ☐ | 負けず嫌いで、多少効率が悪くても自分で何とかしないと気がすまない。 |
| 29 | ☐ | 他人に任せるための段取りが面倒で、ついつい自分で行ってしまう。 |
| 30 | ☐ | 他人に任せることができず、多少手間が増えても、自分で何でも行ってしまう。 |
| 31 | ☐ | 残業・休日出勤などの犠牲を払ったり、努力をした方が充実感を味わえる。 |
| 32 | ☐ | 自分にとって興味のないことより興味のあることを優先する。 |
| 33 | ☐ | 資料が手に入りやすい物事を優先させる。 |
| 34 | ☐ | 適切な手順や方法を見つけ出すのに時間がかかりそうなことは後回しにする。 |
| 35 | ☐ | 未計画のことより計画が立案されていることを優先する。 |

## （2）無意識に選択した人生計画が生きざまとして現れる

「時間の使い方35のチェックリスト」のチェックの結果はいかがでしたか。

このチェックリストは多くの人の時間の使い方の傾向をまとめたものです。その中で、自分の時間の使い方に当てはまる行動にチェック（☑）をつけてもらいましたが、チェックがついた項目は、

自分が理想とする効率的な時間の使い方がわかっていても、日頃から習慣になっていたり、性分でついつい行ってしまう傾向があるのではないでしょうか。

自分が理想とする効率的な時間の使い方を妨げる要因も、たいてい35項目にある何かであると言えます。これらに注意して時間を過ごすようにすれば、それだけでも時間の使い方の改善につながります。

ただし、わかっていてもなかなかやめられないという人が多いのではないでしょうか。その中には、次のような現象が見受けられます。それは、私たちの幼児期の生活の中で知らず知らずに身につけたもので、瞬間的にある種の衝動へと導きます。これが、以前説明した通り、無意識に選択した人生計画によって引き起こされるのです。

そして、この無意識に選択した人生計画とは、その人の生きざまのパターンとして現れると言われています。日常の瞬間瞬間の行動において繰り返されるというものです。したがって、習慣や性分のように感じられてしまうのです。

無意識に選択した人生計画に関連することをもう少しだけ説明しましょう。

なお、チェックリストの各項目の解説は後ほど行います。

## （3）駆り立てるもの、禁止のメッセージの関係と解決方法

### ①衝動に駆り立てる心の命令（ドライバー）

私たちが言葉を覚えた頃に、親をはじめ周囲の大人からの言葉に

よる指示が原因になっていると言われています。その頃親からは、「お片づけをしっかりやりなさい」「お返事をしなさい」「もっとちゃんとしなさい」「我慢しなさい」「ぐずぐずしないで急ぎなさい」などと、親が子どもに対してこのようになってほしいという期待やしつけを込めた教えを指示として、子どもに頻繁に伝えます。その中でも最も過度に子どもの意識に取り込まれたものが心理的な影響を引き起こし、大人になってもある種の衝動に駆り立てると言われています。このような衝動に駆り立てる私たちの心の命令のことを「ドライバー」と言います。

　ドライバーは、非常に強いメッセージとして私たちの行動を駆り立てるもので、5種類あると言われています。本書では、「完全であれ」「他人を喜ばせよ」「急げ急げ」「もっと努力しろ」「強くあれ」の5つを取り上げます。35の問いのうちには、5種類のドライバーのいずれかの影響で、自分が理想とする効率的な時間の使い方を妨げているものもあります。

　問1は、「完全であれ」というドライバーを自分自身がもっていて、その影響を過度に受け過ぎることにより、自分が理想とする効率的な時間の使い方を妨げている可能性が高いと推測されます。

　問1の場合は、「完全であれ」というドライバーにより駆り立てられる傾向が強く、「全てにおいて完全であれば自分はOKだ。完全であろう」とします。しかし、厳密な意味での完全などなかなかできるものではなく、心には葛藤が起こります。

　特に、このドライバーは、言葉を覚えた頃の幼児期に自分の中に抱えてしまった衝動ですから、大人になっても一瞬にしてその幼児

期の感覚に戻ってしまい、異常に過大な理想を実現するようにという駆り立てがやみません。いつもせきたてられているのです。したがって、それに何とか応えようと努力します。異常に過大な理想を漠然と抱き、それに向かって自動的に駆り立てられているのです。

### ②禁止のメッセージ（ストッパー）

　この自動的に駆り立てられているものは、異常に過大であり漠然とした理想ですから、努力しても努力しても完全には達成できないと感じたときには、内心大きなショックを受け、同時に無意識のうちに自分に「〜であってはいけない」「〜してはいけない」という禁止的なメッセージを与えているのだと言われています。このメッセージも、幼児期に人生をどのように生きていけばよいかということを心の中で経験し感じ取ったことなのだと言われています。

　それは「それで満足するな」「ありのままであるな」「（完全という理想に近づかなければならないので、そう簡単には成し遂げてはならない）ぎりぎりまで成し遂げるな」といった自分の気持ちや行動を抑制する感情を呼び起こします。このように、ドライバーによって駆り立てられている裏で「〜してはいけない」などと伝え、ドライバー達成の行動を妨げる禁止のメッセージを「ストッパー」と言います。

### ③ドライバーとストッパーのせめぎ合い

　つまり、「完全であれ」というドライバーが働いているときには、過剰なくらい「全てにおいて完全であれば自分はOKだ。完全であろう」という気持ちが強くなり、行動を起こすのですが、一方で

は「それで満足するな」「ありのままであるな」「ぎりぎりまで成し遂げるな」というストッパーも同時に働き、それに沿った行動も起こしてしまうのです。

　したがって、一度「完全であれ」というドライバーが働いたときには、「それで満足するな」「ありのままであるな」「ぎりぎりまで成し遂げるな」というような「完全追求」に向かい、心的エネルギーも時間も過度に使ってしまいます。完全であるためにあらゆる努力をしようとするのですが、一方で「自分は完全ではない」という思いに浸り、罪悪感や自信喪失など不快な気持ちに苛(さいな)まれるからです。このような心の中のせめぎ合いにより、過度な目標を立て必要以上に努力したあげく、挫折感や疲労感、絶望感などを味わうのです。

④パーミッションを与える
　このように「完全であれ」というドライバーにより駆り立てられる傾向のある人は、同時にストッパーによる禁止のメッセージも働き、必要以上に心的エネルギーも時間も過度に使ってしまうのです。これを和らげる方法には、「パーミッション」を与えるという方法が有効です。「いつも必要以上に完全であろうとするのだから、そんなに頑張らず、70％の出来で十分大丈夫」という意味を込めて「70％でいい」という許可を自分から自分に与えるのです。できれば、身内や親しい人からも、このドライバーに駆り立てられたときには「70％でいい」と言ってもらえるような関係を築いておくと、さらに効果的です。

　このように、「完全であれ」というドライバーにより駆り立てら

れる傾向のある人は、同時に、「それで満足するな」「ありのままであるな」「ぎりぎりまで成し遂げるな」というストッパーによる禁止のメッセージも働き、心的エネルギーも時間も過度に使ってしまいます。「70％でいい」というパーミッションを、自分から自分、そして周囲から与えることで、この問題を緩和することができるということになります。

　次に「他人を喜ばせよ」というドライバーにより駆り立てられる傾向のある人は、同時に、「人さま優先、自分は後回し」「自分の要求は出すな」「自分の楽しみたいように楽しむな」というストッパーによる禁止のメッセージも働き、心的エネルギーも時間も過度に使ってしまいます。こうした状況を緩和するには「自分をもっと大切にしてもいいんだよ」というパーミッションを、自分から自分に、そして周囲から自分に与えてもらうことが効果的です。

　「急げ急げ」というドライバーにより駆り立てられる傾向のある人は、同時に、「自由であるな」「自分のペースでやるな」というストッパーによる禁止のメッセージも働き、心的エネルギーも時間も過度に使ってしまいます。この場合には、「もっとゆっくり大切なことから取り組んでいいんだよ」というパーミッションを、自分から自分に、そして周囲から自分に与えてもらうことで問題を緩和することができるようになります。

　「もっと努力しろ」というドライバーにより駆り立てられる傾向のある人は、同時に、「楽をするな」「物事を楽しむな」「満足するな」というストッパーによる禁止のメッセージも働き、心的エネルギーも時間も過度に使ってしまいます。この場合には、「すぐにやり遂

げていいんだよ」「もっと楽をしてもいいんだよ」というパーミッションを、自分から自分に、そして周囲から自分に与えてもらうことで問題を緩和することができるようになります。

　「強くあれ」というドライバーにより駆り立てられる傾向の人は、同時に、「自分が感じるように感じるな」「感情を表すな」「弱みを見せるな」というストッパーによる禁止のメッセージも働き、心的エネルギーも時間も過度に使ってしまいます。この場合には、「弱みを見せてもいいんだよ」というパーミッションを、自分から自分に、そして周囲から自分に与えてもらうことで、この問題を緩和することができるということになります。

## （4）パーソナリティを構成する要素

　パーソナリティを構成する要素についても様々な説があります。本書では、第1章でもふれましたが、日常生活や実務で活用するための実践的なパーソナリティの見極め方として以下の内容を紹介します。

　この考え方では、パーソナリティを構成する要素は、次の5つになります。

　①厳格さ、ルール遵守度
　②他者への思いやり、周囲への関心度合い
　③冷静さ、情報収集・分析力、論理性、判断力
　④自発性、行動力、明朗、自由奔放さ、創造性、遊び心
　⑤従順さ、または諦め、または反抗心

### 図表2-2　パーソナリティを構成する要素

| No. | パーソナリティを構成する要素 | 本書の解説における構成要素名 |
|---|---|---|
| ① | 厳格さ、ルール遵守度 | 「厳格さ」を司る自我の機能 |
| ② | 他者への思いやり、周囲への関心度合い | 「思いやり」を司る自我の機能 |
| ③ | 冷静さ、情報収集・分析力、論理性、判断力 | 「冷静さ」を司る自我の機能 |
| ④ | 自発性、行動力、明朗さ、自由奔放さ、創造性、遊び心 | 「創造性」を司る自我の機能 |
| ⑤ | 従順さ、または諦め、または反抗心 | 「従順さ」を司る自我の機能 |

　本書では、上記のパーソナリティを構成する要素を図表2-2のように分類します。

　パーソナリティの5つの構成要素について、どのような傾向で想定されるのか、それぞれ説明していきます。

### ①「厳格さ」を司る自我の機能

　「厳格さ」を司る自我の機能が低いときに想定されるのは決まり・ルール・時間・約束等を守れずルーズになり、その結果として信頼感が得にくい傾向にあることです。

　逆に「厳格さ」を司る自我の機能が高いときには、プラスの傾向として、決まり・ルール・時間・約束などを守るという行動が現れることが想定されます。

　一方、マイナスの傾向として想定されるのは、批判的、威圧的な態度や行動が現れることです。

**図表 2-3 「厳格さ」を司る自我の機能について**

| パーソナリティを構成する要素 | 自我の機能が低い場合<br>想定される傾向 | 自我の機能が高い場合<br>想定されるプラスの傾向 |
|---|---|---|
| 厳格さ、ルール遵守度 | 決まり・ルール・時間・約束などを守れずルーズ。信頼感が得にくい。 | 決まり・ルール・時間・約束などを守る。 |
| | | 想定されるマイナスの傾向 |
| | | 批判的、威圧的。 |

また「厳格さ」を司る自我の機能が高い場合、具体的には以下の特徴が現れます。

①言葉遣い……「すべきだ」「した方がいい」「しなさい」「しなければならない」「するのが当然だ」「決して〜だ」などという言葉をよく発します。また「よい」、「悪い」という言葉を評価的、断定的に発します。

**図表 2-4 「厳格さ」を司る自我の機能が高いときに現れやすい特徴**

| 特徴が見て取れる場面 | 「厳格さ」を司る自我の機能発揮時に現れやすい特徴 |
|---|---|
| ①言葉遣い | 「すべきだ」「しなさい」「しなければならない」「するのが当然だ」「した方がいい」「決して〜だ」（評価的、断定的に）「よい」、「悪い」と言う。 |
| ②声の調子、話し方 | 批判的、断定的、大声、恩着せがましい。 |
| ③表情や身振り | 眉間にしわを寄せる、顔をしかめる、腰に手を当てる、腕組みをする、あごがあがる。 |
| ④現れる態度・行動 | 見下す、批判的、厳格、威厳・権威を表そうとする、道徳意識が強い態度、比較する、諭す、忠告する、尊敬が集まるように促す。 |

②声の調子・話し方……批判的、断定的で、大声を上げたり、恩着せがましかったりします。

③表情や身振り……眉間にしわを寄せる、顔をしかめる、腰に手を当てる、腕組みをする、あごがあがるなどの表情や身振りが現れます。

④現れる態度・行動……見下す、批判的、厳格、威厳・権威を表そうとする、あるいは威厳・権威的に振る舞う、道徳意識が強い態度、比較する、諭す、忠告するなどの態度・行動が現れます。尊敬が集まるように促すような態度・行動も見受けられます。

②「思いやり」を司る自我の機能

「思いやり」を司る自我の機能が低いときに想定されるのは、周囲の人に関心をもてない、あるいは相手への配慮がなく、その結果として他者に冷たいという印象をもたれる傾向があることです。

図表2-5 「思いやり」を司る自我の機能について

| パーソナリティを構成する要素 | 自我の機能が低い場合 | 自我の機能が高い場合 |
|---|---|---|
| | 想定される傾向 | 想定されるプラスの傾向 |
| 他者への思いやり、周囲への関心度合い | 周囲の人に関心をもてない、あるいは相手への配慮がない。他者に冷たいという印象をもたれる。 | 他者への思いやり、周囲への関心度合いが高い。相手の気持ちを受け入れる、相手を慰める・励ます・元気づけるなど。 |
| | | 想定されるマイナスの傾向 |
| | | 過干渉、おせっかい。 |

逆に「思いやり」を司る自我の機能が高いときに想定されるプラスの傾向は、他者への思いやり、周囲への関心度合いが高く、相手の気持ちを受け入れる、相手を慰める・励ます・元気づけるといった行動が現れることです。一方、想定されるマイナスの傾向としては、過干渉、おせっかいといった態度や行動が現れることです。

　また「思いやり」を司る自我の機能が高い場合、具体的には以下の特徴が現れます。
　①言葉遣い……元気づける言葉、相手の気持ちを酌むような言葉、思いやりを感じるような言葉、慰める言葉、相手の心情を思いやり気分を楽にするような言葉を発します。
　②声の調子・話し方……柔らかい声、周囲に心を配るような、相

**図表 2-6　「思いやり」を司る自我の機能が高いときに現れやすい特徴**

| 特徴が見て取れる場面 | 「思いやり」を司る自我の機能発揮時に現れやすい特徴 |
|---|---|
| ①言葉遣い | 元気づける言葉、相手の気持ちを酌むような言葉、思いやりを感じるような言葉、慰める言葉、相手の心情を思いやり気分を楽にするような言葉。 |
| ②声の調子、話し方 | 柔らかい、周囲に心を配るような、相手の心情を思いやり気分を楽にするような話し方。 |
| ③表情や身振り | 相手の心情を思いやりそれに呼応するような表情や身振り。腕を広げる、握手する、抱きしめるなど。 |
| ④現れた態度・行動 | 心配する、思いやる、理解的、愛情が現れるような態度、行動腕を広げる、握手する、抱きしめるなど。 |

手の心情を思いやり気分を楽にするような話し方です。
③表情や身振り……相手の心情を思いやり、それに呼応するような表情や身振りです。後述する「態度」とも重なりますが、腕を広げる、握手する、抱きしめるなどの身振りや行動が現れます。
④現れた態度・行動……心配する、思いやる、理解的、愛情が現れるような態度・行動が見受けられます。表情や身振りとも重なりますが、腕を広げる、握手する、抱きしめるなどの身振りや行動が現れます。

### ③「冷静さ」を司る自我の機能

「冷静さ」を司る自我の機能が低いときには、無計画で場当たり的な傾向が想定されます。しっかり考えてから行動した方がよい場

**図表2-7　「冷静さ」を司る自我の機能について**

| パーソナリティを構成する要素 | 自我の機能が低い場合 | 自我の機能が高い場合 |
|---|---|---|
| | 想定される傾向 | 想定されるプラスの傾向 |
| 冷静さ、情報収集・分析力、論理性、判断力 | 無計画で場当たり的。よく考えずに行動してしまう。情報に疎い、周囲に無頓着。 | 冷静さ、情報収集・分析力、論理性、判断力が高い。パーソナリティ区分全体を適切にコントロールする機能も期待できる。 |
| | | 想定されるマイナスの傾向 |
| | | 理屈っぽい、ビジネスライク過ぎる、冷たい感じ、打算的。 |

面でも、よく考えずに行動してしまうなどもこれに該当します。情報に疎い、周囲に無頓着などという傾向です。

　逆に「冷静さ」を司る自我の機能が高いときに想定されるプラスの傾向は、冷静さ、情報収集・分析力、論理性、判断力の高い態度や行動が現れることです。

　また、必要に応じて、適切に他のパーソナリティ区分を発揮させたり、パーソナリティ区分の自我の機能全体をコントロールしたりする機能が高いことが期待できます。ただし、これは、他のパーソナリティ区分の自我の機能もそこそこ高い場合に限ります。

　一方、「冷静さ」を司る自我の機能が高いときに想定されるマイナスの傾向としては、理屈っぽい、ビジネスライク過ぎる、冷たい感じ、打算的などの態度や行動が現れることです。

　また「冷静さ」を司る自我の機能が高い場合、具体的には以下の特徴が現れます。

①言葉遣い……その事柄に関連した適切な言葉、建設的な言葉になります。また、「私が思うには」などの言葉遣いになることもあります。現状を冷静に分析するために5W1H（「いつ」「誰が」「どこで」「何を」「なぜ」「どのように」）で質問します。

②声の調子・話し方……適切な、その場にふさわしい、相手の感情に合わせた声の調子・話し方です。

③表情や身振り……自然でリラックスした、くつろいだ表情や身振りが現れます。想定されるマイナスの傾向が現れているときには、生真面目さやビジネスライクな感じを与えるかもしれません。

### 図表 2-8 「冷静さ」を司る自我の機能が高いときに現れやすい特徴

| 特徴が<br>見て取れる場面 | 「冷静さ」を司る自我の機能発揮時に<br>現れやすい特徴 |
| --- | --- |
| ①言葉遣い | その事柄に関連した適切な言葉、建設的な言葉、「私が思うには」などの言葉遣い。<br>現状を冷静に分析するために、5W1H（「いつ」「誰が」「どこで」「何を」「なぜ」「どのように」）で質問する。 |
| ②声の調子、話し方 | 適切な、その場にふさわしい、相手の感情に合わせた、調子を合わせた声や話し方。 |
| ③表情や身振り | 自然でリラックスした、くつろいだ（想定されるマイナスの傾向が現れているときは、生真面目さやビジネスライクな）表情や身振り。 |
| ④現れた態度・行動 | オープンな、柔軟な、確信がある、支持的、現実的、冷静さ（想定されるマイナスの傾向が現れているときは生真面目さやビジネスライクな）行動・態度。 |

④現れた態度・行動……オープンな、柔軟な、確信がある、支持的、現実的、冷静さなどが現れた態度・行動が見受けられます。マイナスの傾向が現れているときには、生真面目さやビジネスライクな感じを与えるかもしれません。

#### ④「創造性」を司る自我の機能

「創造性」を司る自我の機能が低いときに想定されるのは、弱気になりやすい、萎縮しやすい、楽しめない、行動力がない、バイタリティに欠けるなどの傾向です。

逆に「創造性」を司る自我の機能が高いときに想定されるプラス

**図表 2-9 「創造性」を司る自我の機能について**

| パーソナリティを構成する要素 | 自我の機能が低い場合 | 自我の機能が高い場合 |
|---|---|---|
| | 想定される傾向 | 想定されるプラスの傾向 |
| 自発性、行動力、明朗さ、自由奔放さ、創造性、遊び心 | 弱気になりやすい、萎縮しやすい、楽しめない、行動力がない、バイタリティに欠ける。 | 自発性、行動力、明朗さ、自由奔放さ、創造性、遊び心などが高い態度・行動。 |
| | | 想定されるマイナスの傾向 |
| | | わがまま、自己中心的、衝動的、軽率。 |

の傾向は、自発性、行動力、明朗で、自由奔放さ、創造性、遊び心などが高い態度や行動が現れることです。

一方、想定されるマイナスの傾向は、わがまま、自己中心的、衝動的、軽率などの態度や行動が現れることです。

また「創造性」を司る自我の機能が高い場合、具体的には以下の特徴が現れます。

①言葉遣い……「オー!」「ワー!」「おやまあ!」「ゲッ!」などの言葉。はっきりと、「できない」「できる」「ほしい」「いらない」「したい」「してもらいたい」「したくない」と意思を表明します。また、独創的な言葉を発します。

②声の調子・話し方……天真らんまん、無邪気で、感情（喜怒哀楽）をストレートに表す声の調子・話し方です。

③表情や身振り……自由で自然、あるいは甲高く笑う・泣くなどの感情をストレートに表します。

#### 図表2-10 「創造性」を司る自我の機能が高いときに現れやすい特徴

| 特徴が<br>見て取れる場面 | 「創造性」を司る自我の機能発揮時に<br>現れやすい特徴 |
|---|---|
| ①言葉遣い | 「オー!」「ワー!」「おやまあ!」「ゲッ!」「ほしい」「いらない」「したい」「してもらいたい」「したくない」「できない」「できる」、独創的な言葉。 |
| ②声の調子、話し方 | 天真らんまん、無邪気、感情(喜怒哀楽)をストレートに表す。 |
| ③表情や身振り | 自由で自然、感情をストレートに表し甲高く笑う・泣く。 |
| ④現れた態度・行動 | 衝動的、自由で自然、好奇心が強い、元気がある、楽しい、うれしい、はしゃいだ、調子にのった、おびえた態度・行動。周囲をあまり気にすることなく自由で自然に感情を表現し、態度・行動に表す。 |

④現れた態度・行動……衝動的、自由で自然、好奇心の強い、元気がある、楽しい、うれしい、はしゃいだ、調子にのった、おびえたなどの態度・行動が見受けられます。周囲をあまり気にすることなく自由で自然に感情を表現し、態度・行動に表します。

⑤「従順さ」を司る自我の機能

この「従順さ」とは、相手や周囲の様子をうかがった上で発揮される従順さという意味で、論理的に理解し納得するとか天真らんまんに受け入れるということとは異なる点に注意が必要です。上目遣い、あるいは相手の顔色をうかがうようなところがある従順さなのです。

「従順さ」を司る自我の機能が高いときには、想定されるプラスの傾向は、素直で、言うことをよく聞く、従順、波風を立てないようにする、気を配るなどの態度や行動が現れることです。

　一方、想定されるマイナスの傾向としては、依存的、従属的、顔色をうかがう、こびる・へつらう、くよくよする、閉鎖的、反動的などの態度や行動が現れることです。

　なお、「従順さ」を司る自我の機能が低いときの傾向を強いて挙げれば、自我の機能を高いときに想定されるプラスの傾向やマイナスの傾向が出にくいことです。

　また「従順さ」を司る自我の機能が高いときは、具体的には以下の特徴が現れます。

　①言葉遣い……素直な言葉、いじけた言葉、反抗的な言葉、たくらみのある言葉をよく発します。

**図表2-11　「従順さ」を司る自我の機能について**

| パーソナリティを構成する要素 | 自我の機能が低い場合 | 自我の機能が高い場合 |
|---|---|---|
| | 想定される傾向 | 想定されるプラスの傾向 |
| 従順さ、または諦め、または反抗心 | 評価が高いときに想定されるプラスの傾向やマイナスの傾向が出にくい。 | 素直、言うことをよく聞く、従順、波風を立てないようにする、気を配る |
| | | 想定されるマイナスの傾向 |
| | | 依存的、従属的、顔色をうかがう、こびる・へつらう、くよくよする、閉鎖的、反動的。 |

②声の調子・話し方……くどい、じれったい、甘えた、なだめる、自信がなさそうな、いじけた、怒りが現れた、反抗的な、甘言で誘うような、緊張した、はにかんだ声の調子・話し方です。
③表情や身振り……へつらう、うなだれる、うつむく、とじこもる、すねる、ふくれっ面をするなどの表情や身振りが現れます。
④現れた態度・行動……上目遣い、周囲の顔色をうかがうような、素直、ほしがる、ねたむ、恥ずかしがる、権威・権力を求める、詮索する、復讐するような態度・行動も見受けられます

図表 2-12 「従順さ」を司る自我の機能が高いときに現れやすい特徴

| 特徴が<br>見て取れる場面 | 「従順さ」を司る自我の機能発揮時に<br>現れやすい特徴 |
| --- | --- |
| ①言葉遣い | 素直な言葉、いじけた言葉、反抗的な言葉、たくらみのある言葉。 |
| ②声の調子、話し方 | くどい、じれったい、甘えた、なだめる、自信がなさそうな、いじけた、怒りが現れた、反抗的な、甘言で誘うような、緊張した、はにかんだ声や話し方。 |
| ③表情や身振り | へつらう、うなだれる、うつむく、とじこもる、すねる、ふくれっ面をする。 |
| ④現れた態度・行動 | 緊張やはにかみの度合いが強い、上目遣い、周囲の顔色をうかがうような、素直、ほしがる、ねたむ、恥ずかしがる、権威・権力を求める、詮索する、復讐する |

# （5）「時間の使い方 35 のチェックリスト」の個別解説

　「時間の使い方 35 のチェックリスト」の問いは、私たちがついつい行っている時間の使い方の傾向とも言うべき事柄を問いにしたものです。

　まず、チェックのついた問いの内容が時間の使い方に影響を及ぼし、そのために理想の時間の使い方になっていないと思う場合には、それが自分の時間の使い方の傾向なのだと認識することが大切です。そして今後は、チェックがついた事柄に注意し、改善を図っていくことが、時間価値を高めていくための第一歩です。

　最後に、そのような行動を衝動的にとってしまう原因と、改善点や改善のためのヒントを図表 2-13 にまとめてみました。

　「時間の使い方 35 のチェックリスト」の問いにあるような行動をとってしまう原因には、ドライバーの影響を受けているものや、パーソナリティを構成する自我の機能の影響や、これまでの習慣による時間の使い方の傾向などがあります。

### 図表 2-13 「時間の使い方 35 のチェックリスト」の各問いの改善点・改善のヒント

| No. | 問い | 解　説 |
|---|---|---|
| 1 | 計画通りに事が進まないとイライラする。またはやる気が出ない。 | ☑ 無意識に選択した人生計画による影響があるものと想定されます。これまでの人生の脈絡を見つめ直してみましょう。思い当たることがある場合、無意識に選択した人生計画による影響があることを認識し、それを改善しようと意識して行動するだけでも改善の方向に向かいます。<br><br>☑ 無意識に選択した人生計画に関連するドライバーは「完全であれ」です。この場合、パーミッションは「70%でいい」です。そう自分に言い聞かせてください。また、周囲からもそう言ってもらえるようにしておくとさらに効果があるでしょう。<br><br>☑ パーソナリティを構成する要素では、「厳格さ」を司る自我の機能が強く影響しています。 |
| 2 | 決めていたやり方や手順がずれてくると、それを立て直すことに神経がとらわれてしまう。 | ☑ 無意識に選択した人生計画による影響があるものと想定されます。これまでの人生の脈絡を見つめ直してみましょう。思い当たることがある場合、無意識に選択した人生計画による影響があることを認識し、それを改善しようと意識して行動するだけでも改善の方向に向かいます。<br><br>☑ 無意識に選択した人生計画に関連するドライバーは「完全であれ」です。この場合、パーミッションは「70%でいい」です。そう自分に言い聞かせてください。また、周囲からもそう言ってもらえるようにしておくとさらに効果があるでしょう。<br><br>☑ パーソナリティを構成する要素では、「厳格さ」を司る自我の機能が強く影響しています。 |

| | | |
|---|---|---|
| 3 | 期限が近づくまで本腰を入れては動き出さない。 | ☑ 無意識に選択した人生計画による影響があるものと想定されます。これまでの人生の脈絡を見つめ直してみましょう。思い当たることがある場合、無意識に選択した人生計画による影響があることを認識し、それを改善しようと意識して行動するだけでも改善の方向に向かいます。<br><br>☑ 無意識に選択した人生計画にも関連するドライバーは「完全であれ」です。この場合、パーミッションは「70%でいい」です。「いつも完璧をねらい過ぎているのだから、70%をねらうくらいで大丈夫。それでも実はしっかりできているのだから。さらっとやってしまおう。」などと自分に言い聞かせてください。また、周囲からもそう言ってもらえるようにしておくとさらに効果があるでしょう。<br><br>☑ パーソナリティを構成する要素では、「厳格さ」を司る自我の機能が強く影響しています。 |
| 4 | よりよい仕上がりにするために、期限ぎりぎりまであれこれ努力する。 | ☑ 無意識に選択した人生計画による影響があるものと想定されます。これまでの人生の脈絡を見つめ直してみましょう。思い当たることがある場合、無意識に選択した人生計画による影響があることを認識し、それを改善しようと意識して行動するだけでも改善の方向に向かいます。<br><br>☑ 無意識に選択した人生計画に関連するドライバーは「完全であれ」です。この場合、パーミッションは「70%でいい」です。そう自分に言い聞かせてください。また、周囲からもそう言ってもらえるようにしておくとさらに効果があるでしょう。<br><br>☑ パーソナリティを構成する要素では、「厳格さ」を司る自我の機能が強く影響しています。 |
| 5 | 自分にとっ | ☑ 無意識に選択した人生計画による影響があるものと |

| | | |
|---|---|---|
| | ての必要なことよりも、他人から言われた用件を優先する。 | 想定されます。これまでの人生の脈絡を見つめ直してみましょう。思い当たることがある場合、無意識に選択した人生計画による影響があることを認識し、それを改善しようと意識して行動するだけでも改善の方向に向かいます。<br><br>☑ 無意識に選択した人生計画に関連するドライバーは「他人を喜ばせよ」です。この場合、パーミッションは「自分をもっと大切にしていいんだよ」です。そう自分に言い聞かせてください。また、周囲からもそう言ってもらえるようにしておくとさらに効果があるでしょう。<br><br>☑ パーソナリティを構成する要素では、「思いやり」を司る自我の機能が強く影響しています。 |
| 6 | 所属する集団にもたらされる結果を考えて仕事を処理する。 | ☑ 無意識に選択した人生計画による影響がある場合も想定されます。これまでの人生の脈絡を見つめ直してみましょう。思い当たることがある場合、無意識に選択した人生計画による影響があることを認識し、それを改善しようと意識して行動するだけでも改善の方向に向かいます。<br><br>☑ 無意識に選択した人生計画に関連するドライバーは「他人を喜ばせよ」です。該当する場合、パーミッションは「自分をもっと大切にしていいんだよ」です。そう自分に言い聞かせてください。また、周囲からもそう言ってもらえるようにしておくとさらに効果があるでしょう。<br><br>☑ パーソナリティを構成する要素では、「思いやり」を司る自我の機能が強く影響していることが想定されます。<br><br>☑ あるいは、最終的に自分の利害への関心が強過ぎることが時間の使い方に影響を及ぼし、そのために理想の時間の使い方になっていないという場合は「冷静さ」を |

| | | |
|---|---|---|
| | | 司る自我の機能のマイナスの傾向が強く影響していることが想定されます。 |
| 7 | その仕事を期待している人の価値基準に合わせて対応する。 | ☑ 無意識に選択した人生計画による影響があるものと想定されます。これまでの人生の脈絡を見つめ直してみましょう。思い当たることがある場合、無意識に選択した人生計画による影響があることを認識し、それを改善しようと意識して行動するだけでも改善の方向に向かいます。<br><br>☑ 無意識に選択した人生計画にも関連するドライバーは「他人を喜ばせよ」です。この場合、パーミッションは「自分をもっと大切にしていいんだよ。」です。自分に言い聞かせてください。また、周囲からもそう言ってもらえるようにしておくとさらに効果があるでしょう。<br><br>☑ パーソナリティを構成する要素では、「思いやり」を司る自我の機能が強く影響しています。 |
| 8 | 他人が困っていると放ってはおけない。 | ☑ 無意識に選択した人生計画による影響があるものと想定されます。これまでの人生の脈絡を見つめ直してみましょう。思い当たることがある場合、無意識に選択した人生計画による影響があることを認識し、それを改善しようと意識して行動するだけでも改善の方向に向かいます。<br><br>☑ 無意識に選択した人生計画に関連するドライバーは「他人を喜ばせよ」です。この場合、パーミッションは「自分をもっと大切にしていいんだよ」です。そう自分に言い聞かせてください。また、周囲からもそう言ってもらえるようにしておくとさらに効果があるでしょう。<br><br>☑ パーソナリティを構成する要素では、「思いやり」を司る自我の機能が強く影響しています。 |
| 9 | やり方のわからないこ | ☑ 安易な仕事を優先する傾向があるのではないでしょうか。やり方のわからないことほど早く着手してみない |

| | | |
|---|---|---|
| | とより、やり方のわかっていることを優先する。 | と時間を見積もることができず、納期に遅れる危険があります。<br><br>☑ パーソナリティを構成する要素の何が影響しているのかを調べてみましょう。そして原因がパーソナリティを構成する要素にも及ぶ場合は、問題となる場面での問題となる自我の機能発揮をコントロールしていきましょう。 |
| 10 | 時間のかかることは後にして、時間のかからないことから取りかかる。 | ☑ 安易な仕事を優先する傾向があるのではないでしょうか。時間のかかることほど早く着手して、段取りをつけないと時間を見積もることができず、納期に遅れる危険があります。<br><br>☑ パーソナリティを構成する要素の何が影響しているのかを調べてみましょう。そして原因がパーソナリティを構成する要素にも及ぶ場合は、問題となる場面での問題となる自我の機能発揮をコントロールしていきましょう。 |
| 11 | 難しいことは後にして、簡単なことから取りかかる。 | ☑ 安易な仕事を優先する傾向があるのではないでしょうか。難しいことほど早く着手し、見通しをつける必要があります。<br><br>☑ パーソナリティを構成する要素の何が影響しているのかを調べてみましょう。そして原因がパーソナリティを構成する要素にも及ぶ場合は、問題となる場面での問題となる自我の機能発揮をコントロールしていきましょう。 |
| 12 | 問題が起こったり、突発的なことが起こるとそれを優先し、場当たり的にこなす。 | ☑ 緊急性に反応する傾向があるのではないでしょうか。今自分が対応すべきことなのかを冷静に考えて対応しましょう。<br><br>☑ 無意識に選択した人生計画による影響があるものと想定されます。これまでの人生の脈絡を見つめ直してみましょう。思い当たることがある場合、無意識に選択した人生計画による影響があることを認識し、それを改善 |

しようと意識して行動するだけでも改善の方向に向かいます。

☑ 無意識に選択した人生計画に関連するドライバーは「急げ急げ」です。この場合、パーミッションは「もっとゆっくり大切なことから取り組んでいいんだよ」です。そう自分に言い聞かせてください。また、周囲からもそう言ってもらえるようにしておくとさらに効果があるでしょう。

| | | |
|---|---|---|
| 13 | 最も早く決着がつくことを優先させる。 | ☑ 安易な仕事を優先する傾向があるのではないでしょうか。それぞれの仕事の納期と納期までの工程を考えてみましょう。<br><br>☑ パーソナリティを構成する要素の何が影響しているのかを調べてみましょう。そして原因がパーソナリティを構成する要素にも及ぶ場合は、問題となる場面での問題となる自我の機能発揮をコントロールしていきましょう。 |
| 14 | 大きな仕事よりも小さな仕事から先に取り組む。 | ☑ 安易な仕事を優先する傾向があるのではないでしょうか。大きな仕事ほど早く着手してみて、やるべきことを明確にしておくことが重要です。<br><br>☑ パーソナリティを構成する要素の何が影響しているのかを調べてみましょう。そして原因がパーソナリティを構成する要素にも及ぶ場合は、問題となる場面での問題となる自我の機能発揮をコントロールしていきましょう。 |
| 15 | 時間が決められていることから先に取り組む。 | ☑ 安易な仕事を優先する傾向があるのではないでしょうか。一度受けもっている仕事全ての納期と工程を分析してみましょう。<br><br>☑ パーソナリティを構成する要素の何が影響しているのかを調べてみましょう。そして原因がパーソナリティを構成する要素にも及ぶ場合は、問題となる場面での問題と |

| | | |
|---|---|---|
| | | なる自我の機能発揮をコントロールしていきましょう。 |
| 16 | 重要なことよりも急ぎのことを優先する。 | ☑ 緊急性に反応する傾向があるのではないでしょうか。<br><br>☑ 無意識に選択した人生計画による影響があるものと想定されます。これまでの人生の脈絡を見つめ直してみましょう。思い当たることがある場合、無意識に選択した人生計画による影響があることを認識し、それを改善しようと意識して行動するだけでも改善の方向に向かいます。<br><br>☑ 無意識に選択した人生計画に関連するドライバーは「急げ急げ」です。この場合、パーミッションは「もっとゆっくり大切なことから取り組んでいいんだよ」です。そう自分に言い聞かせてください。また、周囲からもそう言ってもらえるようにしておくとさらに効果があるでしょう。 |
| 17 | 目の前に出現した順序に沿って取り組む。 | ☑ 安易な仕事を優先する傾向があるのではないでしょうか。一度受けもっている仕事全ての納期と工程を分析してみましょう。<br><br>☑ パーソナリティを構成する要素の何が影響しているのかを調べてみましょう。そして原因がパーソナリティを構成する要素にも及ぶ場合は、問題となる場面での問題となる自我の機能発揮をコントロールしていきましょう。 |
| 18 | 納期や時間が気になり、早く終わらせないと落ち着かない。 | ☑ よく行いがちな仕事の仕方ではありますが、内容を高めていこうとすることよりも、過度に納期や時間が気になり、こちらに意識が集中する傾向があるのではないでしょうか。<br><br>☑ 無意識に選択した人生計画による影響があるものと想定されます。これまでの人生の脈絡を見つめ直してみましょう。思い当たることがある場合、無意識に選択した人生計画による影響があることを認識し、それを改善しようと意識して行動するだけでも改善の方向に向かい |

| | | |
|---|---|---|
| | | ます。 |
| | | ☑ 無意識に選択した人生計画にも関連するドライバーは「急げ急げ」です。この場合、パーミッションは「もっとゆっくり大切なことから取り組んでいいんだよ」です。そう自分に言い聞かせてください。また、周囲からもそう言ってもらえるようにしておくとさらに効果があるでしょう。 |
| 19 | それをしたときとしなかったときに自分にもたらされる結果が何であるかを考えて対応する。 | ☑ 自己の利益を過度に意識する傾向があるのではないでしょうか。<br><br>☑ やるべきことの本来の目的や関係者全体にも目を向けて、何か偏りや見落としがないか考えてみましょう。<br><br>☑ パーソナリティを構成する要素の何が影響しているのかを調べてみましょう。そして原因がパーソナリティを構成する要素にも及ぶ場合は、問題となる場面での問題となる自我の機能発揮をコントロールしていきましょう。 |
| 20 | 目先の自分にとってやらないと不利になることへの対応を優先する。 | ☑ 直前の自己の利益を過度に意識する傾向があるのではないでしょうか。<br><br>☑ やるべきことの本来の目的や、長期的なこと、あるいは関係者全体にも目を向けて、何か偏りや見落としがないか考えてみましょう。<br><br>☑ パーソナリティを構成する要素の何が影響しているのかを調べてみましょう。そして原因がパーソナリティを構成する要素にも及ぶ場合は、問題となる場面での問題となる自我の機能発揮をコントロールしていきましょう。 |
| 21 | 自分の個人的な目標や関心事の達 | ☑ 自分の好みや自己満足に偏ってはいないでしょうか。<br><br>☑ やるべきこと本来の目的や、長期的なこと、あるい |

| | | |
|---|---|---|
| | 成を早めることを優先する。 | は関係者全体にも目を向けて、何か偏りや見落としがないか考えてみましょう。<br><br>☑ パーソナリティを構成する要素の何が影響しているのかを調べてみましょう。そして原因がパーソナリティを構成する要素にも及ぶ場合は、問題となる場面での問題となる自我の機能発揮をコントロールしていきましょう。 |
| 22 | やりたくないことは後回しにして、やりたいことから先に取り組む。 | ☑ 自分の好みや自己満足に偏ってはいないでしょうか。<br><br>☑ やらなければならない事柄全ての納期を確認してみましょう。そして、仕事などの効率を考えた望ましい手順に合致することを行おうとしているのかを確認しましょう。また、確認や承認をとらないとその先が進められない仕事などの場合は、そのための手間と時間を組み込んだ仕事の進め方の順序になっているかを確認しましょう。<br><br>☑ やるべきことの本来の目的や、長期的なこと、あるいは関係者全体にも目を向けて、何か偏りや見落としがないか考えてみましょう。<br><br>☑ パーソナリティを構成する要素の何が影響しているのかを調べてみましょう。そして原因がパーソナリティを構成する要素にも及ぶ場合は、問題となる場面での問題となる自我の機能発揮をコントロールしていきましょう。 |
| 23 | 時間をかけて取り組まないと仕事をしたという気になれない。 | ☑ 自分の好みや自己満足に偏ってはいないでしょうか。<br><br>☑ 他のやるべきこととのバランスなども考えてみましょう。<br><br>☑ 無意識に選択した人生計画による影響があるものと |

| | | 想定されます。これまでの人生の脈絡を見つめ直してみましょう。思い当たることがある場合、無意識に選択した人生計画による影響があることを認識し、それを改善しようと意識して行動するだけでも改善の方向に向かいます。<br><br>☑ 無意識に選択した人生計画に関連するドライバーは「もっと努力しろ」です。この場合、パーミッションは「すぐにやり遂げていいんだよ」です。そう自分に言い聞かせてください。また、周囲からもそう言ってもらえるようにしておくとさらに効果があるでしょう。 |
|---|---|---|
| 24 | 取り掛かったことは自分の気がすまないうちは、気になってやめられない。 | ☑ 自分の好みや自己満足に偏ってはいないでしょうか。<br><br>☑ その仕事にかけるべき時間はどれ位が妥当かという分析も行いましょう。また、他のやるべきこととの投入時間のバランスや、抱えている仕事などの納期を確認してみましょう。<br><br>☑ パーソナリティを構成する要素の何が影響しているのかを調べてみましょう。そして原因がパーソナリティを構成する要素にも及ぶ場合は、問題となる場面での問題となる自我の機能発揮をコントロールしていきましょう。<br><br>☑ 無意識に選択した人生計画に関連するドライバーは「完全であれ」の可能性もあります。この場合、パーミッションは「70％でいい」です。自分に言い聞かせてください。また、周囲からもそう言ってもらえるようにしておくとさらに効果があるでしょう。 |
| 25 | 時間を使った分を何とか回収しようとして時間を費やす。 | ☑ 利益を過度に意識する傾向があるのではないでしょうか。<br><br>☑ やるべきことの本来の目的や、関係者全体にも目を向けて、偏りや見落としがないか考えてみましょう。 |

| | | |
|---|---|---|
| | | ☑ パーソナリティを構成する要素の何が影響しているのかを調べてみましょう。そして原因がパーソナリティを構成する要素にも及ぶ場合は、問題となる場面での問題となる自我の機能発揮をコントロールしていきましょう。 |
| 26 | 仕事の意義を理解できないことは、後回しにする。 | ☑ 頑固・固執の傾向があるのではないでしょうか。<br><br>☑ 組織全体のニーズとタイミングを理解することも大切です。<br><br>☑ とにかく仕事に着手してみることで仕事の意義を理解できることもあります。難しそうなこと、厄介なことはなるべく早く着手して、見通しを立てるようにしましょう。<br><br>☑ パーソナリティを構成する要素の何が影響しているのかを調べてみましょう。そして原因がパーソナリティを構成する要素にも及ぶ場合は、問題となる場面での問題となる自我の機能発揮をコントロールしていきましょう。 |
| 27 | 他人のやり方ではなく、自分のやり方を見出さないと仕事を開始しない。 | ☑ 自分の好みや自己満足に偏ってはいないでしょうか。<br><br>☑ 他のやるべきこととのバランスなども考えてみましょう。<br><br>☑ 無意識に選択した人生計画による影響があるものと想定されます。これまでの人生の脈絡を見つめ直してみましょう。思い当たることがある場合、無意識に選択した人生計画による影響があることを認識し、それを改善しようと意識して行動するだけでも改善の方向に向かいます。<br><br>☑ 無意識に選択した人生計画に関連するドライバーは「もっと努力しろ」です。この場合、パーミッションは「す |

| | | |
|---|---|---|
| | | ぐにやり遂げていいんだよ」です。そう自分に言い聞かせてください。また、周囲からもそう言ってもらえるようにしておくとさらに効果があるでしょう。<br><br>☑ パーソナリティを構成する要素の何が影響しているのかを調べてみましょう。そして原因がパーソナリティを構成する要素にも及ぶ場合は、問題となる場面での問題となる自我の機能発揮をコントロールしていきましょう。 |
| 28 | 負けず嫌いで、多少効率が悪くても自分で何とかしないと気がすまない。 | ☑ 自分の好みや自己満足に偏ってはいないでしょうか。<br><br>☑ ほかのやるべきこととのバランスなども考えてみましょう。<br><br>☑ 無意識に選択した人生計画による影響があるものと想定されます。これまでの人生の脈絡を見つめ直してみましょう。思い当たることがある場合、無意識に選択した人生計画による影響があることを認識し、それを改善しようと意識して行動するだけでも改善の方向に向かいます。<br><br>☑ 無意識に選択した人生計画にも関連するドライバーは「強くあれ」です。この場合、パーミッションは「弱みを見せてもいいんだよ」です。そう自分に言い聞かせてください。また、周囲からもそう言ってもらえるようにしておくとさらに効果があるでしょう。<br><br>☑ パーソナリティを構成する要素の何が影響しているのかを調べてみましょう。そして原因がパーソナリティを構成する要素にも及ぶ場合は、問題となる場面での問題となる自我の機能発揮をコントロールしていきましょう。 |
| 29 | 他人に任せるための段 | ☑ 目先の成果にとらわれて、効率的な仕組みづくりを軽視する傾向があるのではないでしょうか。 |

|   |   |   |
|---|---|---|
|   | 取りが面倒で、ついつい自分で行ってしまう。 | ☑ 目先の段取りを面倒だと思うことで、段取りの後の軌道に乗った仕組みづくりの効果性を軽視してはいないか冷静に考えてみましょう。急がば回れということもあります。<br><br>☑ 人に任せることにより周囲の人材を成長させ、ひいては自分が成長することもあります。<br><br>☑ パーソナリティを構成する要素の何が影響しているのかを調べてみましょう。そして原因がパーソナリティを構成する要素にも及ぶ場合は、問題となる場面での問題となる自我の機能発揮をコントロールしていきましょう。 |
| 30 | 他人に任せることができず、多少手間が増えても、自分で何でも行ってしまう。 | ☑ 効率を考えて仕事をしましょう。<br><br>☑ 人に任せることにより周囲の人材を成長させ、ひいては自分が成長することもあります。<br><br>☑ 無意識に選択した人生計画による影響があるものと想定されます。これまでの人生の脈絡を見つめ直してみましょう。思い当たることがある場合、無意識に選択した人生計画による影響があることを認識し、それを改善しようと意識して行動するだけでも改善の方向に向かいます。<br><br>☑ 無意識に選択した人生計画に関連するドライバーは「強くあれ」です。この場合、パーミッションは「弱みを見せてもいいんだよ」です。そう自分に言い聞かせてください。また、周囲からもそう言ってもらえるようにしておくとさらに効果があるでしょう。<br><br>☑ パーソナリティを構成する要素の何が影響しているのかを調べてみましょう。そして原因がパーソナリティを構成する要素にも及ぶ場合は、問題となる場面での問題と |

| | | |
|---|---|---|
| | | なる自我の機能発揮をコントロールしていきましょう。 |
| 31 | 残業・休日出勤などの犠牲を払ったり、努力をした方が充実感を味わえる。 | ☑ 自分の好みや自己満足に偏ってはいないでしょうか。<br><br>☑ ほかのやるべきこと（仕事以外のことなど）とのバランスなども考えてみましょう。<br><br>☑ 無意識に選択した人生計画による影響があるものと想定されます。これまでの人生の脈絡を見つめ直してみましょう。思い当たることがある場合、無意識に選択した人生計画による影響があることを認識し、それを改善しようと意識して行動するだけでも改善の方向に向かいます。<br><br>☑ 無意識に選択した人生計画に関連するドライバーは「もっと努力しろ」です。この場合、パーミッションは「もっと楽をしてもいいんだよ」です。そう自分に言い聞かせてください。また、周囲からもそう言ってもらえるようにしておくとさらに効果があるでしょう。 |
| 32 | 自分にとって興味のないことより興味のあることを優先する。 | ☑ 自分の好みや自己満足に偏ってはいないでしょうか。<br><br>☑ やるべきこと本来の目的や、長期的なこと、あるいは関係者全体にも目を向けて、何か偏りや見落としが無いか考えてみましょう。<br><br>☑ パーソナリティを構成する要素の何が影響しているのかを調べてみましょう。そして原因がパーソナリティを構成する要素にも及ぶ場合は、問題となる場面での問題となる自我の機能発揮をコントロールしていきましょう。 |
| 33 | 資料が手に入りやすい物事を優先させる。 | ☑ 安易な仕事を優先する傾向があるのではないでしょうか。<br><br>☑ やらなければならない事柄全ての納期を確認してみ |

ましょう。そして、仕事などの効率を考えた望ましい手順に合致することを行おうとしているのかを確認しましょう。また、確認や承認をとらないとその先が進められない仕事などの場合は、そのための手間と時間を組み込んだ仕事の進め方の順序になっているかを確認しましょう。

☑ 他のやるべきこととのバランスなども考えてみましょう。

☑ パーソナリティを構成する要素の何が影響しているのかを調べてみましょう。そして原因がパーソナリティを構成する要素にも及ぶ場合は、問題となる場面での問題となる自我の機能発揮をコントロールしていきましょう。

| 34 | 適切な手順や方法を見つけ出すのに時間がかかりそうなことは後回しにする。 | ☑ 安易な仕事を優先する傾向があるのではないでしょうか。難しいことほど早く着手し、見通しをつける必要があります。<br><br>☑ やらなければならない事柄全ての納期を確認してみましょう。そして、仕事などの効率を考えた望ましい手順に合致することを行おうとしているのかを確認しましょう。また、確認や承認をとらないとその先が進められない仕事などの場合は、そのための手間と時間を組み込んだ仕事の進め方の順序を考え、いつまでに何をやらなければならないかをまず明らかにしましょう。<br><br>☑ 他のやるべきこととのバランスなども考えてみましょう。<br><br>☑ パーソナリティを構成する要素の何が影響しているのかを調べてみましょう。そして原因がパーソナリティを構成する要素にも及ぶ場合は、問題となる場面での問題となる自我の機能発揮をコントロールしていきましょう。 |

| 35 | 未計画のことより計画が立案されていることを優先する。 | ☑ 安易な仕事を優先する傾向があるのではないでしょうか。<br><br>☑ やらなければならない事柄全ての納期を確認してみましょう。そして、仕事などの効率を考えた望ましい手順に合致することを行おうとしているのかを確認しましょう。また、確認や承認をとらないとその先が進められない仕事などの場合は、そのための手間と時間を組み込んだ仕事の進め方の順序になっているかを確認しましょう。<br><br>☑ 他のやるべきこととのバランスなども考えてみましょう。<br><br>☑ パーソナリティを構成する要素の何が影響しているのかを調べてみましょう。そして原因がパーソナリティを構成する要素にも及ぶ場合は、問題となる場面での問題となる自我の機能発揮をコントロールしていきましょう。 |
|---|---|---|

　いかがでしたか。あなたの時間の使い方について問題点を認識することができたでしょうか。

## 2 ケースで学ぶ時間の使い方

　あなたの時間に関する感覚を高めると同時に、時間価値を高める具体的な方法について研究してみましょう。

　次に、職場でよくありがちなケースを紹介します。ケースを読み、時間価値を高める（あるいは時間効率を高める）という観点から、それぞれの登場人物の思考や行動の問題個所をできるだけたくさん指摘してみましょう。そして図表2-14のアドバイス記入シート「そこはもっとこうした方がよい」というアドバイスを具体的に書いてみてください。

### ケーススタディ　ある職場の1日

　中堅企業の職場のある（木曜日の）1日の出来事が以下に書かれています。

　主な登場人物は、管理部企画課主任の橋本君（入社8年目）、橋本君の上司で管理部企画課の課長（ケースでは課長と書かれています）、同じ管理部企画課に所属する坂田さん（入社6年目）をはじめ、各部門長、マーケティング部の佐々木さんなどです。なお、管理部には企画課、経理課、総務課の3つの課があります。

8：57

　橋本君があわてて出社して来ました。
　周囲へのあいさつもなく、椅子に座り、時計を見てほっとした様子です。橋本君はすぐさまパソコンの立ち上げなどに取りかかりました。

9：00

　橋本君は、ずいぶんため込んだ伝票処理をしなければならないことが気になりましたが、朝から気分が乗らないなという感じです。この伝票処理は手をつけるのが面倒で、ついつい先延ばしにし、昨日の夜に着手はしたものの、やはり気が乗らずにほとんどやり残したまま帰宅しました。今処理するよりも明日の方が集中力があり、きっと効率がいいだろうと思ったからでした。
　そこで、1週間前に課長から頼まれていた企画の件を考えてみようと思い立ちました。
　それは、今期から実施することになった中期経営計画をどのようなプロセスで行うかということについての企画です。来週の月曜日までに自身で立てた企画をまとめ課長に提案することになっていました。会社の戦略に関わる仕事でやりがいを感じていますが、一方で「難しいテーマで、大変だな」と思っているうちに1週間が過ぎていました。
　中期経営計画の立て方についてネットで検索したのですが、諸説があり、どの方法がよいのかまだはっきりわからないというのが正直なところです。

「もっとよい方法があるかもしれない、もっとよい情報を得られるかもしれない」と、時間が空いたときに少しずつ検索をしてきました。いよいよ、企画書を来週の月曜日には提出しなければならないので、昨日本屋で買った、『中期経営計画の立て方』という本の情報も含めて、一気に企画書作成に取りかかろうと思い、これまでの情報を机の上に並べ始めました。

## 9：10

橋本君は、情報を手に取りながら何やら行動を開始したのですが、ひっきりなしに電話がかかってきました。午前中は電話が多い職場です。特に、今日は13時から自部門主催の会議があり、このような日は事前の問い合わせが殺到することもあります。橋本君は10時まで電話対応に追われました。

## 9：20

何やら、同僚の坂田さんが課長と話をしています。

いつも残業をしている坂田さんは、勝手に深夜残業をすることもよくあります。でも、上長から指示されていない、やらなくてもいい仕事に時間をかけ、本当にやらなければならない仕事に着手するのは、いつも納期ぎりぎりになってからです。特に今日のように、月次の締めの処理を行う日はなぜか決まって、朝と夜に課長とのやり取りがあるのです。課長もこれには手を焼いています。

坂田：「課長、そう言えば、あの仕事もやらなければなりませんね。だから、やっておきますね」

課長：「しかし時間的に大丈夫なの？　あの仕事は別に今日じゃなくてもいいことなんだし、それよりも毎月の締めの仕事は今日までなんだから、そっちの仕事をちゃんとやっておいてくれないと困るよ」

　しかし、その後の坂田さんの行動を見ていると、他部門の世話を焼くことばかりが目立って、本来の業務に着手しているようには見えません。

## 10：00

　マーケティング部の佐々木さんが橋本君の席に来て、「2ヵ月前の営業部全体と各課の売上実績データをちょっと見せてくれないか」と頼みました。机の引き出しにあるファイルの中から探し出そうとしましたが、タイトルがつけられていないため、なかなか見つかりません。佐々木さんは10分ほどそばにいてじりじりと待っていましたが、「それじゃ、見つかり次第席に持ってきてくれないか」と言い残して席に戻って行きました。

## 10：20

　橋本君はハードコピーの資料がなかなか見つからず困っていました。そこで、ハードコピーの資料を探し出すのを諦めてパソコンにあるデータを、またしばらく時間をかけて探し出しました。そして佐々木さんに送信したのがこの時間でした。

　橋本君は、また中期経営計画に関する企画の続きを構想しようとしました。

## 10：30

　橋本君は課長に呼ばれました。課長が前から話していた通り、本日13時からの自部門主催の会議は、課長が他の重要案件で11時から夕方まで外出するので、橋本君が会議の準備と司会進行役を頼まれていました。課長から「今日はしっかり頼むよ」と言われました。

## 10：33

　橋本君は13時からの自部門主催の会議で配布するため、各部から寄せられた資料のコピーに取りかかろうとし、提出された報告書を確認してみました。

## 10：40

　確認してみると、2部門からの報告書が届いていません。橋本君はそれぞれの部門長の席に行き、報告書の提出をお願いすることにしました。1つの部門からは30分後に橋本君宛に提出してくれるという確約を得ました。

## 10：50

　次に橋本君は、もう1つの部門があるフロアに行きました。その部門は、部門長が午前中は外出で、午後からの出社ということだそうです。そして、部門長以外の人は「報告書の提出のことなど聞いていないのでわからない」との回答でした。橋本君は、部門長の携帯電話に連絡をしてもらうように部門の人にお願いしましたが、連絡がつきませんでした。

## 11：00

　橋本君は、このことを課長に報告し、この後の指示をしてもらおうと課長の席に行きましたが、すでに課長は出かけた後でした。移動中ということもあり、電話もつながりません。

## 11：35

　橋本君は結局、1部門の報告書だけ揃わなかった会議資料のコピーを終え、その資料をオフィスビルの2階上の会議室に持ち込み、同時にレイアウトを整えて席に戻りました。

　その後、イントラネットの掲示板を見たり、机の上を片づけたりしました。

## 12：00

　橋本君は昼食に出かけました。

## 13：00

　橋本君は、オフィスビルの2階上の会議室に移動するために席を立ちました。

　会議に出席する約半数の人たちも、橋本君が会議室に入った直後に会議室に入ってきました。

　会議は、ほぼ時間通り14時までには終わるかというペースで進行していましたが、会議の終了間際に、ある部門長が特定の部門への不毛の議論で攻撃を仕掛けました。どうやら、この部門長のいつもの行動パターンのようです。橋本君も、このようなことがあって

大変だという噂を聞いたことがあります。そして今回も、それに過剰に反応した他の2人の部門長の3人の間で論戦となり、会議の終了時間が30分も延びてしまいました。

　他の7人の部門長は、あきれて見守るばかりでしたが、橋本君に、「いつものことだが時間の無駄だね」と言って会議室を後にしました。

## 14：45

　橋本君は、会議室の片づけを終えて席に戻ってきました。そこに営業3課の課長が尋ねてきて「前に頼んでおいた資料はできているの？」と聞かれました。そう言えば3日前に頼まれていたことを思い出しました。「急がないからということだったので、まだですけど」と橋本君が返答すると、営業3課の課長から「急がないと言っても、さっき終わった会議と関係することなんだから、その後すぐに必要だということくらいわかるだろう。急いでもらえないかな」との答えが返ってきました。そこで橋本君はすぐに取りかかろうとしました。

## 15：25

　橋本君が営業3課の課長宛にメールで資料を送り、時計を見るとこの時間でした。「いけない！今日締め切りの伝票の提出期限が16時までだった。14時過ぎから取りかかれることを当てにしていたのに…。今から集中して取り組めば何とかなるかもしれない」と気を取り直し、伝票処理に取りかかりました。

### 16：50
　ところが実際にやってみると、思ったよりも処理件数が多く、時間がかかってしまって、結局経理課への提出がこの時間になってしまいました。経理課長を拝み倒して何とか伝票を受け取ってもらえました。

### 17：00
　橋本君は、午前中に取りかかりながら、なかなか進めることができなかった中期経営計画のプロセスの企画を考えてみようと思い立ちました。今日の会議や伝票処理など期限までにやらなければならない気が重いことを終えた後なので、集中してできそうな気がしました。

### 17：20
　橋本君は「企画の案件でますます調子が出てきたぞ」と思いつつ情報を整理し、当社の社員の知識や日頃の行動に鑑み、考えをまとめていました。
　すると突然、マーケティング部の佐々木さんが、「ちょっといいかな」と声をかけてきました。データに基づいたグラフの作り方や、統計的な分析の仕方を教えてほしいという依頼でした。
　午前中、資料の件で待たせてしまったこともあるし、佐々木さんにはいつも得意なパソコンスキルと統計知識で頼りにされていることもあり、丁寧に説明をしてあげました。

## 17：40

　課長が外出先から戻ってきて、「ただいま。橋本君、今日の会議ご苦労さま。どうだった？」と尋ねてきました。橋本君は「はい、どうにか無事に。後で報告に伺います」と返事をし、佐々木さんへの説明を続けました。

　得意な統計の説明には、特に力が入ります。「へー、なるほど」と感心されると、ついつい知っていることをいろいろ話したくなります。力説が続きました。

## 18：00

　坂田さんが課長の席に行き、「今ちょっとお話ししたいことがあります。」と相談をもちかけ、2人は会議室に入って行きました。1時間ほどやり取りが続きましたが、内容は堂々巡りです。かいつまんでみると次のようなやり取りでした。

　坂田：「課長、あの仕事やっぱりやっておきました」
　課長：「あれは、今やらなくてもいい仕事でしょう」
　坂田：「でもどうせやらなければならないことなので」
　課長：「今日はもっと優先度の高いことをやらなければ。締め切りが迫っているんだから。よし手伝うよ。何をやればいい？」
　坂田：「でも大丈夫です。今日もまた徹夜です」
　課長：「だから、何か手伝うことは？」
　坂田：「何もありませんよ。今日も寝ないで頑張ります」
　課長：「じゃあ、タクシーで帰るか、ホテルに泊まるかして、体

　　　　の負担を軽くして」
　　坂田：「家庭の事情があるので、泊まることはできません。どうせ、今日も遅くなるのですから、仕事を放棄してしまうのも１つの手ですよね」

　いつも決まってこんなやり取りがあり、課長が仕事への取り組み姿勢や態度などについて改めるべきところを指導したり、今日１日の行動の振り返りを促します。坂田さんは、自分だけ何でこんなに仕事量が多いのかと感情的になります。そして、今日のやり終えるべき仕事以外の仕事も、どうせやらなければならなくなるのだから同時にやっておかないとかえって効率が悪いと反論し、なかなか課長の話を受け入れようとはしません。

　坂田さんのことを思い、指導をしていたはずの課長も、全くその指導を受け入れない坂田さんの態度については我慢しきれず、途中から叱り飛ばすようになり、お互いに「あなたが悪い」などと言い争いになってしまうのでした。

　坂田さんの場合、毎月の締め日には、なぜかこのような議論が１時間ほど繰り返され、課長に「じゃあ他の人かあるいは自分がその仕事をやるから、今すぐ引き継ぎをしよう」と言われると坂田さんは「大丈夫ですよ、私がやりますから」と言って自分の席に戻り黙々と仕事を始めるのでした。課長はそのたびに、「またこれか」と嫌な思いを抱くのでした。

## 19：00

　橋本君は、佐々木さんが統計処理に困っているのを見るに見かね

て、手伝うことにしました。自分で、様々な手法で統計解析を行うと、いろいろな現象が見えてきます。30分ほどで一通り、佐々木さんから頼まれていたことはやり終えましたが、せっかくだから、こんなふうにすればこういうこともわかるという具合に様々な手法を駆使した資料を作成し、グラフに表示してあげました。

## 20：00

　橋本君は佐々木さんにデータを送り、すぐに佐々木さんの席に行き、説明をしてあげました。佐々木さんは、橋本君が送ってくれたデータに感心しながらも、「いろいろとやっていただきありがたいと思っているが、橋本君が気を利かせてやってくれたことは今の段階ではそこまでの必要はないんだ。それよりも時間との戦いで、急いで報告書にまとめる必要があるから」とお礼もそこそこに仕事に取りかかりました。

　橋本君は、せっかくやってあげたのにその言い方はないだろうと思いつつ席に戻りました。

## 20：20

　橋本君は、課長に今日の会議の報告をすませ、何だか疲れたなと思い、バタバタと机の上を片づけて帰宅しました。

### 図表 2-14　ケーススタディ　アドバイス記入シート

| アドバイス No. | 時間 | 問題の場所 | |
|---|---|---|---|
| | | 誰の | どのような思考や行動 |
| | | | |

| アドバイス |
|---|
| もっとこうした方がよいという具体的なアドバイス |

### 図表 2-15　ケーススタディ　アドバイス記入シート　記入例

| アドバイス No. | 時間 | 問題の場所 | |
|---|---|---|---|
| | | 誰の | どのような思考や行動 |
| 1 | 8:57 | 橋本君 | あわてて出社して来た |
| 2 | 8:57 | 橋本君 | 周囲への挨拶もなくすぐさまパソコンの立ち上げなどに取りかかった。 |
| 3 | 9:00 | 橋本君 | ため込んだ自分の担当の伝票処理が気になるが朝から気分が乗らない企画の件を考えてみようかなと思い立った。 |
| | | | (記入例の詳細は p.73 ～ p.90 のケース |

| |
|---|
| アドバイス |
| もっとこうした方がよいという具体的なアドバイス |
| |
| もっと時間に余裕を持って出社しよう。 |
| |
| 職場の人間関係を良好なものにしていくためにもあいさつは |
| しっかりしよう。自己の存在を伝えることが良好な人間関係構築 |
| には欠かせない。(以下省略) |
| |
| 人生脚本の脈絡を知り、適切な対処を行い、望ましい自分の行動をとれるようにしよう。 |
| |
| |
| 今日やるべきことをリストアップし、1日のスケジュールを立てよう。 |
| |
| スタディのアドバイス例を参照) |

# 3 ケーススタディのアドバイス例

　ケーススタディをやってみての感想はいかがでしたか。指摘すべきところはたくさんあったと思います。しかし、このようなケースは、オフィスではよく起こっていることではないでしょうか。このような日常の仕事の仕方、時間の使い方に気づいて改めるだけでも時間価値はずいぶんと向上します。

　あなたのケーススタディへの指摘もおそらく全て正しいものだと思います。細かく指摘すればいくらでもポイントは見つかりますが、以下に、このケースを通じて共有したい時間価値向上のポイントを中心にアドバイス例を提示します。

　ただし、全てを書いているわけではありません。特に本書で強調したい時間の使い方の原則や、タイム・イノベーション®のスキル、時間価値向上のノウハウに関わることを中心に時間の使い方のポイントを提示します。ここではそれらがどのようなことなのか、そしてどんな場面で役に立つのかということも加えたアドバイス例を紹介したいと思います。詳細は、その後の章で解説しますので、ここではそれぞれの場面での時間価値向上のノウハウのポイントについて理解しておいてください。

## ケーススタディのアドバイス例

**8：57**

　橋本君があわてて出社して来ました。
⇒もっと時間に余裕を持って出社しよう。


　周囲へのあいさつもなく、椅子に座り、時計を見てほっとした様子です。橋本君はすぐさまパソコンの立ち上げなどに取りかかりました。
⇒職場の人間関係を良好なものにしていくためにもあいさつはしっかりしよう。自己の存在を伝えることが良好な人間関係構築に欠かせない。【第4章　タイム・イノベーション®の8つのスキルのスキル6「コミュニケーション対応」を参照】
⇒数ヵ月先、1ヵ月先に達成すべきこと、やらなければならないことを考えよう。【第4章　タイム・イノベーション®の8つのスキルのスキル1「状況分析」を参照】
⇒そして、この1週間でどのような成果を上げるのか、そのために今日は何を達成しなければならないのかを事前に考える必要がある。【第4章　タイム・イノベーション®の8つのスキルのスキル1「状況分析」を参照】
⇒また、やらなければならないことがあってもそれを行うための時間の裏づけがなければ、到底実現は不可能である。やることと時間を組み合わせた週間行動計画は立てよう。【第4章　タイム・イノベーション®の8つのスキルのスキル4「時間構造化」、ス

キル5「順序構成」と「週間行動計画表の活用方法」を参照】
⇒そして、「相手があり約束した時間＝予定時間」と「自分の目標達成のために活動する時間＝計画時間」に分けて、それぞれのやるべきことを決めておこう。【第3章の「時間の性質にまつわる考え方3つの基本」を参照】

## 9：00

橋本君は、ずいぶんため込んだ伝票の処理をしなければならないことが気になりましたが、朝から気分が乗らないなという感じです。この伝票処理は手をつけるのが面倒で、ついつい先延ばしにし、昨日の夜に着手はしたものの、やはり気が乗らずにほとんどやり残したまま帰宅しました。今処理するよりも明日の方が集中力があり、きっと効率がいいだろうと思ったからでした。
⇒人生脚本の脈絡を知り、適切な対処を行い、望ましい自分の行動がとれるようにしよう。【第2章の「価値の高いタイム・イノベーション®を実現するために」を参照】

そこで1週間前に課長から頼まれていた企画の件を考えてみようと思い立ちました。
⇒今日やるべきことをリストアップし、1日のスケジュールを立てよう。【第4章 タイム・イノベーション®の8つのスキルのスキル5「順序構成」の「週間行動計画表の活用方法」を参照】

それは、今期から実施することになった中期経営計画をどのよう

なプロセスで行うかということについての企画です。来週の月曜日までに自身で立てた企画をまとめ、課長に提案することになっていました。会社の戦略に関わる仕事でやりがいを感じていますが、一方で「難しいテーマで大変だな」と思っているうちに1週間が過ぎていました。

⇒人生脚本の脈絡を知り適切な対処を行い、望ましい自分の行動がとれるようにしよう。ドライバーは「完全であれ」【第2章の「価値の高いタイム・イノベーション®を実現するために」を参照】

⇒難しい仕事、未知の仕事、やり方がわからない仕事などを担当することになったときは、その直後に段取りを行い、早く状況を察知する【第4章　タイム・イノベーション®の8つのスキルのスキル1「状況分析」を参照】

　中期経営計画の立て方についてネットで検索したのですが、諸説あり、どの方法がよいのかまだはっきりわからないというのが正直なところです。

⇒何が自分のやるべきことなのか状況をしっかり分析しよう。仕事の目的、目標、納期を整理する。【第4章　タイム・イノベーション®の8つのスキルのスキル1「状況分析」を参照】

⇒現在抱えている仕事の優先順位をつけよう。【第4章　タイム・イノベーション®の8つのスキル1「状況分析」を参照】

⇒取り組むべき仕事の項目を列挙し、さらに細かくタスクに分解していこう。【第4章　タイム・イノベーション®の8つのスキル2「項目列挙」を参照】

⇒各種フレームワークや思考方法を身につけよう。

　「もっとよい方法があるかもしれない、もっとよい情報を得られるかもしれない」と、時間が空いたときに少しずつ検索を行ってきました。いよいよ、企画も来週の月曜日には提出しなければならないので、昨日本屋で買った『中期経営計画の立て方』という本の情報も含めて、一気に企画作成に取りかかろうと思い、これまでの情報を机の上に並べ始めました。
⇒人生脚本の脈絡を知り、適切な対処を行い、望ましい自分の行動
　がとれるようにしよう。ドライバーは「完全であれ」。

## 9：10
　橋本君は情報を手に取りながら何やら行動を開始したのですが、ひっきりなしに電話がかかってきました。午前中は電話が多い職場です。特に、今日は13時から自部門主催の会議があり、このような日は事前の問い合わせが殺到することもあります。橋本君は10時まで電話対応に追われました。
⇒現在抱えている仕事の優先順位をつけよう。【第4章　タイム・
　イノベーション®の8つのスキルのスキル1「状況分析」を参照】
⇒職場環境のリズムを考えた行動計画を立てよう。【第4章　タイ
　ム・イノベーション®の8つのスキルのスキル5「順序構成」を
　参照】
⇒あるいは、中断が生じない集中時間をつくり、やることをしっか
　り決めて取り組もう。【第4章　タイム・イノベーション®の8

つのスキルのスキル 4「時間構造化」を参照】

## 9：20

　何やら、同僚の坂田さんが課長と話をしています。

　いつも残業をしている坂田さんは、勝手に深夜残業をすることもよくあります。でも、上長から指示されていない、やらなくてもいい仕事に時間をかけ、本当にやらなければならない仕事に着手するのは、いつも納期ぎりぎりになってからです。特に今日のように、月次の締めの処理を行う日はなぜか決まって、朝と夜に課長とのやり取りがあるのです。課長もこれには手を焼いています。

⇒心理ゲームに巻き込まれる前兆であることを察知しよう。【第4章　タイム・イノベーション®の8つのスキルのスキル6「コミュニケーション対応」を参照】

　坂田：「課長、そう言えば、あの仕事もやらなければなりませんね。だから、やっておきますね」
　課長：「しかし時間的に大丈夫なの？　あの仕事は別に今日じゃなくてもいいことなんだし、それよりも毎月の締めの仕事は今日までなんだから、そっちの仕事をちゃんとやっておいてくれないと困るよ」

　しかし、その後の坂田さんの行動を見ていると、他部門の世話を焼くことばかりが目立って、本来の業務に着手しているようには見えません。

⇒部下がやるべきことを確実に行うように具体的な行動を明確に

し、確実に管理できるようにしよう。【第4章 タイム・イノベーション®の8つのスキルのスキル7「実行管理」を参照】

## 10：00
　マーケティング部の佐々木さんが橋本君の席に来て、「2ヵ月前の営業部全体と各課の売上実績データをちょっと見せてくれないか」と頼みました。机の引き出しにあるファイルの中から探し出そうとしましたが、タイトルがつけられていないため、なかなか見つかりません。佐々木さんは、10分ほどそばにいてじりじりと待っていましたが、「それじゃ、見つかり次第席に持ってきてくれないか」と言い残して席に戻って行きました。
⇒整理整頓は日頃からやっておこう。ビジネスパーソンにとって情報や資料の整理も大切な仕事の1つ。

## 10：20
　橋本君はハードコピーの資料がなかなか見つからず困っていました。そこで、ハードコピーの資料を探し出すのを諦めてパソコンにあるデータを、またしばらく時間をかけて探し出しました。そして佐々木さんに送信したのがこの時間でした。
　橋本君は、また中期経営計画に関する企画の続きを構想しようとしました。
⇒整理整頓は日頃からやっておこう。ビジネスパーソンにとって情報や資料の整理も大切な仕事の1つ。

## 10：30

　橋本君は課長に呼ばれました。課長が前から話していた通り、本日13時からの自部門主催の会議は、課長が他の重要案件で11時から夕方まで外出するので、橋本君が会議の準備と司会進行役を頼まれていました。課長から「今日はしっかり頼むよ」と言われました。

## 10：33

　橋本君は13時からの自部門主催の会議で配布するため、各部から寄せられた資料のコピーに取りかかろうとし、提出された報告書を確認してみました。

⇒仕事の重要性を理解していなかった。仕事の目的、自分がやるべきことを理解して仕事をしよう。【第4章　タイム・イノベーション®の8つのスキルのスキル1「状況分析」を参照】

⇒現在抱えている仕事の優先順位をつけよう。【第4章　タイム・イノベーション®の8つのスキルのスキル1「状況分析」を参照】

## 10：40

　確認してみると、2部門からの報告書が届いていません。橋本君はそれぞれの部門長の席に行き、報告書の提出をお願いすることにしました。1つの部門からは30分後に橋本君宛に提出してくれるという確約を得ました。

⇒もっと早く着手しよう。【第4章　タイム・イノベーション®の8つのスキルのスキル7「実行管理」を参照】

⇒事前にリスクを想定して対策を立てておこう。【第4章　タイム・

イノベーション®の8つのスキルのスキル3「潜在問題対処」を参照】

## 10：50
　次に橋本君は、もう1つの部門があるフロアに行きました。その部門は、部門長が午前中は外出で、午後からの出社ということだそうです。そして、部門長以外の人は「報告書の提出のことなどは聞いていないのでわからない」との回答でした。橋本君は、部門長の携帯電話に連絡をしてもらうように部門の人にお願いしましたが、連絡がつきませんでした。
⇒もっと早く着手しよう。【第4章　タイム・イノベーション®の8つのスキルのスキル7「実行管理」を参照ください】
⇒事前にリスクを想定して対策を立てておこう。【第4章　タイム・イノベーション®の8つのスキルのスキル3「潜在問題対処」を参照】

## 11：00
　橋本君は、このことを課長に報告し、この後の指示をしてもらおうと思い、課長の席に行きましたが、すでに課長は出かけた後でした。移動中ということもあり、電話もつながりません。
⇒やるべきことを遂行するために、基準や不測の事態における判断基準や例外への対処について確認しておこう。【第4章　タイム・イノベーション®の8つのスキルのスキル7「実行管理」を参照】

## 11：35

　橋本君は結局、1部門の報告書だけ揃わなかった会議資料のコピーを終え、その資料をオフィスビルの2階上の会議室に持ち込み、同時にレイアウトを整えて、席に戻りました。
**⇒重要な会議資料を会議室に放置しておくのは危険。**

　その後、イントラネットの掲示板を見たり、机の上を片づけたりしました。
**⇒隙間時間の活用を日頃から考えておこう。【第4章　タイム・イノベーション®の8つのスキルのスキル4「時間構造化」を参照】**
**⇒今日は他に優先してやるべきことがあるのではないか。【第4章　タイム・イノベーション®の8つのスキルのスキル1「状況分析」を参照】**

## 12：00

　橋本君は昼食に出かけました。

## 13：00

　橋本君は、オフィスビルの2階上の会議室に移動するために席を立ちました。
　会議出席者の約半数の人も、橋本君が会議室に入った直後に会議室に入ってきました。
**⇒会議開始時間に移動を開始したのでは、時間に間に合わない。5分前行動、10分前行動など、時間に間に合わせるための行動原**

則を考えて実行しよう。【第4章　タイム・イノベーション®の8つのスキルのスキル7「実行管理」を参照】

　会議は、ほぼ時間通り14時までには終わるかというペースで進行していましたが、会議の終了間際に、ある部門長が特定の部門へ不毛の議論で攻撃を仕掛けました。どうやら、この部門長のいつもの行動パターンのようです。橋本君も、このようなことがあって大変だという噂(うわさ)を聞いたことがあります。そして今回も、それに過剰に反応した他の2人の部門長の3人の間で論戦となり、30分も時間が延びてしまいました。
　他の7人の部門長は、あきれて見守るばかりでしたが、橋本君に、「いつものことだが時間の無駄だね」と言って会議室を後にしました。

⇒心理ゲームに巻き込まれている。心理ゲームであることを認識し、対処を考えよう。【第4章　タイム・イノベーション®の8つのスキルのスキル6「コミュニケーション対応」を参照】
⇒パーソナリティを見極め、適切な対応をしよう。特定の部門への攻撃をしかけた部長は他者批判の傾向がかなり強い人のようだ。
⇒11名の時間の無駄は会社の損失。あきれていないで何とかしよう。
⇒長引きそうなときには、その「予定の後に次の予定を入れておく」ことで時間の無駄を防止しよう。【第4章　タイム・イノベーション®の8つのスキルのスキル7「実行管理」を参照】

## 14：45

　橋本君は、会議室の片づけを終えて席に戻ってきました。そこに営業3課の課長が尋ねてきて「前に頼んでおいた資料はできているの？」と聞かれました。そう言えば3日前に頼まれていたことを思い出しました。「急がないからということだったので、まだですけど」と橋本君が返答すると、営業3課の課長から「急がないと言っても、さっき終わった今日の午後の会議と関係することなんだから、その後すぐに必要だということくらいわかるだろう。急いでもらえないかな」との答えが返ってきました。そこで橋本君はすぐに取りかかろうとしました。

⇒仕事を受けるときには、目的、達成基準、達成方法、納期、その他制約条件などをしっかり確認しよう。【第4章　タイム・イノベーション®の8つのスキルのスキル1「状況分析」を参照】

## 15：25

　橋本君が営業3課の課長宛に　メールで資料を送り、時計を見るとこの時間でした。「いけない！今日締め切りの伝票の提出期限が16時までだった。14時過ぎからとりかかれることを当てにしていたのに…。今から集中して取り組めば何とかなるかもしれない」と気を取り直し、伝票処理に取りかかりました。

⇒1日の行動計画をしっかり立てておこう。【第4章　タイム・イノベーション®の8つのスキルのスキル5「順序構成」の「週間行動計画表の活用方法」を参照】

⇒「標準時間タイプの仕事」と「目標時間タイプの仕事」の時間の

考え方の原則を理解して行動しよう。【第3章の「時間の性質にまつわる3つの考え方」を参照】

⇒時間数を見積もるときに考慮すべき点を理解して時間を見積もろう。【第4章　タイム・イノベーション®の8つのスキルのスキル4「時間構造化」を参照】

## 16：50

ところが実際にやってみると、思ったよりも処理件数が多く、時間がかかってしまって、結局経理課への提出がこの時間になってしまいました。経理課長を拝み倒して何とか伝票を受け取ってもらえました。

⇒時間数と見積もるときに考慮すべき点を理解して時間を見積もろう。【第4章　タイム・イノベーション®の8つのスキルのスキル4「時間構造化」を参照】

## 17：00

橋本君は、午前中に取りかかりながら、なかなか進めることができなかった中期経営計画のプロセスの企画を考えてみようと思い立ちました。今日の会議や伝票処理など期限までにやらなければならない気が重いことを終えた後なので、集中してできそうな気がしました。

⇒1週間、1日の成果を意識し、状況に応じた最適な時間資源の投入を考えるためのツールとしての週間行動計画表の活用方法を身につけよう。【第4章　タイム・イノベーション®の8つのスキ

ルのスキル5「順序構成」の「週間行動計画表の活用方法」を参照】
⇒身につけるべき行動を着実に身につけるために習慣化しよう。
【【第4章　タイム・イノベーション®の8つのスキルのスキル8「習慣化」を参照】

## 17：20

　橋本君は「企画の案件でますます調子が出てきたぞ」と思いつつ情報を整理し、当社の社員の知識や日頃の行動に鑑み、考えをまとめていました。

　すると突然、マーケティング部の佐々木さんが、「ちょっといいかな」と声をかけてきました。データに基づいたグラフの作り方や、統計的な分析の仕方を教えてほしいという依頼でした。

⇒1週間、1日の成果を意識し、状況に応じた最適な時間資源の投入を考えるためのツールとしての週間行動計画表の活用方法を身につけよう。【第4章　タイム・イノベーション®の8つのスキルのスキル4「時間構造化」を参照】

⇒飛び込み仕事への対応ということを意識して、どう対応するかを判断しよう。【第4章　タイム・イノベーション®の8つのスキルのスキル3「潜在問題対処」、第4章　タイム・イノベーション®の8つのスキルのスキル1「状況把握」を参照】

⇒自分の興味を優先させる前に、何を本来優先させるべきかをよく考えて判断しよう。【第2章の「人生の脈絡に気づくための手掛かり……あなたの時間の使い方の傾向を診断する」を参照】

午前中、資料の件で待たせてしまったこともあるし、佐々木さんにはいつも得意なパソコンスキルと統計知識で頼りにされていることもあり、丁寧に説明をしてあげました。

⇒「自分の目標達成のために活動する時間＝計画時間」をしっかり確保しないと成果に結びつかない。自分との約束を果たすための「計画時間」を大切にしよう。【第3章の「時間の性質にまつわる3つの考え方」を参照】

⇒人生脚本の脈絡を知り適切な対処を行い、望ましい自分の行動がとれるようにしよう。自分を衝動的に動かしているドライバーは「他人を喜ばせよ」

## 17：40

課長が外出先から戻ってきて、「ただいま。橋本君、今日の会議ご苦労さま。どうだった？」と尋ねてきました。橋本君は「はい、どうにか無事に。後で報告に伺います」と返事をし、佐々木さんへの説明を続けました。

⇒仕事の優先順位を誤ってはいけない。自分の役割を認識する必要がある。

得意な統計の説明には、特に力が入ります。「へー、なるほど」と感心されると、ついつい知っていることをいろいろ話したくなります。力説が続きました。

⇒人生脚本の脈絡を知り、適切な対処を行い、望ましい自分の行動がとれるようにしよう。自分を衝動的に動かしているドライバー

は「他人を喜ばせよ」。

## 18：00

坂田さんが課長の席に行き、「今ちょっとお話ししたいことがあります」と相談をもちかけ、2人で会議室に入って行きました。1時間ほどやり取りが続きましたが、内容は堂々巡りです。かいつまんでみると次のようなやり取りでした。

坂田：「課長、あの仕事やっぱりやっておきました」

課長：「あれは、今やらなくてもいい仕事でしょう」

坂田：「でもどうせやらなければならないことなので」

課長：「今日はもっと優先度の高いことをやらなければ。締め切りが迫っているんだから。よし手伝うよ。何をやればいい？」

坂田：「でも大丈夫です。今日もまた徹夜です」

課長：「だから、何か手伝うことは？」

坂田：「何もありませんよ。今日も寝ないで頑張ります」

課長：「じゃあ、タクシーで帰るか、ホテルに泊まるかして、体の負担を軽くして」

坂田：「家庭の事情があるので、泊まることはできません。どうせ、今日も遅くなるのですから、仕事を放棄してしまうのも1つの手ですよね」

いつも決まってこんなやり取りがあり、課長が仕事への取り組み姿勢や態度などについて改めるべきところを指導したり、今日1日の行動の振り返りを促します。坂田さんは、自分だけ何でこんな

に仕事量が多いのかと感情的になります。そして、今日のやり終えるべき仕事以外のことも、どうせやらなければならなくなるのだから同時にやっておかないとかえって効率が悪いと反論し、なかなか課長の話を受け入れようとはしません。

　坂田さんのことを思い、指導をしていたはずの課長も、全くその指導を受け入れない坂田さんの態度については我慢しきれず、途中から叱り飛ばすようになり、お互いに「あなたが悪い」などと言い争いになってしまうのでした。

　坂田さんの場合、毎月の締め日には、なぜかこのような議論が1時間くらい繰り返され、課長に「じゃあ他の人かあるいは自分がその仕事をやるから、今すぐ引き継ぎをしよう」と言われると坂田さんは「大丈夫ですよ、私がやりますから」と言って自分の席に戻り黙々と仕事を始めるのでした。課長はそのたびに、「またこれか」と嫌な思いを抱くのでした。

⇒心理ゲームに巻き込まれている。心理ゲームであることを認識し、対策を考えよう。【第4章　タイム・イノベーション®の8つのスキルのスキル6「コミュニケーション対応」を参照】

⇒部下がやるべきことを確実に行うように具体的な行動を明確にし、確実に管理できるようにしよう。日頃の部下の指導・育成をしっかり行おう。【第4章　タイム・イノベーション®の8つのスキルのスキル7「実行管理」を参照】

⇒ただし、本ケースの坂田さんのような部下には、人生脚本の脈絡を知った上での適切な対処が必要になる。

## 19：00

　橋本君は、佐々木さんが統計処理に困っているのを見るに見かねて、手伝うことにしました。自分で、様々な手法で統計解析を行うと、いろいろな現象が見えてきます。30分ほどで一通り、佐々木さんから頼まれていたことはやり終えましたが、せっかくだから、こんなふうにすればこういうこともわかるという具合に様々な手法を駆使した資料を作成し、グラフに表示してあげました。

⇒人生脚本の脈絡を知り、適切な対処を行い、望ましい自分の行動がとれるようにしよう。自分を衝動的に動かしているドライバーは「他人を喜ばせよ」。

⇒自分の興味を優先させる前に、何を本来優先させるべきかをよく考えて判断しよう。【第2章の「人生の脈絡に気づくための手掛かり……あなたの時間の使い方の傾向を診断する」を参照】

## 20：00

　橋本君は佐々木さんにデータを送り、すぐに佐々木さんの席に行き、説明をしてあげました。佐々木さんは、橋本君が送ってくれたデータに感心しながらも、「いろいろとやっていただきありがたいと思っているが、橋本君が気を利かせてやってくれたことは今の段階ではそこまでの必要はないんだ。

　それよりも時間との戦いで、急いで報告書にまとめる必要があるから。」とお礼もそこそこに仕事に取りかかりました。

　橋本君は、「せっかくやってあげたのにその言い方はないだろう」と思いつつ席に戻りました。

⇒仕事を受けるときには、目的、達成基準、達成方法、納期、その他制約条件などをしっかり確認しよう。【第4章 タイム・イノベーション®の8つのスキルのスキル1「状況分析」を参照】

## 20：20

橋本君は、課長に今日の会議の報告をすませ、何だか疲れたなと思い、バタバタと机の上を片づけて、帰宅しました。

⇒仕事の優先順位を誤ってはいけない。自分の役割を認識する必要がある。

⇒今日1日の時間の使い方の振り返りと明日すべきことのリストアップくらいはやってから帰らないと、今日と同じく時間効率の低い1日を繰り返すことになる。【第4章 タイム・イノベーション®の8つのスキルのスキル5「順序構成」の「週間行動計画表の活用方法」を参照】

以上

## 4 心の充実を図る時間の使い方

　先々を見通し、主体的に時間を使うことができれば、他律とは違う時間感覚を感じることができると思います。同じ忙しさでも、それが突発的に起こったと感じられることで忙しいのか、先々起こることや忙しい状況が予測できて、その予測通りに忙しく過ごしているのかで心のありようもそのときの忙しさの受け止め方も違います。先々が見通せず、常に他律的な状況であることと、先々を見通し、自律的に行動していることの違いは大きいものです。

　ケーススタディにあった橋本君の一日の仕事ぶりは、バタバタと忙しく過ごしている割には成果を残せていないという印象があったと思います。

　一日の仕事でも、この先何を行うべきかを的確に把握し、それをいつ行うべきかを決めておけば、無駄な動きをせずに、もっとやるべきことに集中できていたと思います。

　「何だか疲れたな」という疲労感と空しい想いだけで仕事を終えることもなかったでしょう。

　自分が置かれている状況を分析し、これから起こりうることや不安なことや気になることから目を背けずに、それらをリストアップし、それらが現実のこととなる確率を考え、確率が高いことはやるべきこととして、認識をして一日の仕事の計画に組み込んでおけば、

心の準備もできます。

　重要なのはやるべきことを行う時間がないと行動できないということです。時間の根拠がないことを行うということは、無理が生じているわけです。無理なことばかり行っていれば、体だけではなく、心まで疲弊してしまいます。

　一方、先々のことがわかり、心の準備ができており、時間のやりくりの目処がついていれば、バタバタと忙しいという感じではなく、キビキビと行動していくという感じに変わっていきます。

　先々を見通し、自律的に行動しているという時間の使い方こそが心の充実を図る時間の使い方をしているときなのです。

# 第3章

# 時間の使い方の基本

# 1 タイム・イノベーション®を実現するための前提

　時間は流れて過ぎ去るものという意識では、あなたが望むほどのタイム・イノベーション®を起こすことはできないでしょう。

　タイム・イノベーション®を意識して過ごすのと、時間は流れて過ぎ去るものという意識で過ごすのとでは、大きく異なる時間価値を数十年後に味わうことができるでしょう。また、人生の終着点を待たなくても、数ヵ月から数年先には着実に、このような大きく異なる時間価値を実感できるでしょう。

　なぜかというと、今過ごしている、この5分、10分の積み重ねが人生です。時の流れに身を任せて過ごす5分、10分の積み重ねが人生になるのです。このときに、タイム・イノベーション®を意識して過ごすと何が変わるでしょうか。

　「タイム・イノベーション®を意識して過ごす」とは、人生の価値を意識して時を過ごすということです。つまり、どんな人生を送りたいと考え、そのためには今は何を目的に、どう過ごすかということを意識して時を過ごすか否かということですから、やはり先の人生の結末がずいぶん変わるのではないでしょうか。

　どのような人生を送りたいかということを考えて、重要なことに時間を使うのと、周囲の都合で目の前に起こった事柄への対処に追われて時間を過ごすのとでは、積み重ねた時間の内容がずいぶん異

なるはずですが、加えて次のようなこともあります。それは、どのような人生を送りたいかということを考えて、重要なことに時間を使おうと思っても、なぜか衝動的に、それとは違う行動をとってしまうことも多いということです。それは、ドライバーとストッパーという心理的な要因によるものであることは、第２章の「価値の高いタイム・イノベーション®を実現するために」で説明しました。

　どのような人生を送りたいかということを考えて、重要なことに時間を使い、ドライバーとストッパーという心理的な要因による望ましくない時間の使い方を排除することができても、それで問題が解決するものではありません。やりたいことがあっても、それを行うのに必要な時間がなければ、やりたいことを実行することはできません。実行しなければ、期待する成果にたどり着くことはできないのです。

　つまり、やるべきことに、それを行えるだけの時間的な根拠がなければ、意識はあっても目標は実現しないのです。では、どうすればよいのでしょうか。そのためには、これから第３章、第４章で説明する、「時間の性質にまつわる３つの考え方」、「タイム・イノベーション®の８つのスキル」を習得することをお勧めします。

# 2 時間の性質にまつわる3つの考え方

　タイム・イノベーション®により時間価値を高めていくにあたり、まず、時間の性質にまつわる3つの考え方を確認しておきましょう。それらは、時間とやることとの関係の基本で、次の3つです。

　（1）標準時間タイプ/目標時間タイプ
　（2）他者との約束時間/自由にできる時間/自分との約束時間
　（3）中断時間

　では、「（1）標準時間タイプ/目標時間タイプ」から順に説明していきます。

## （1）標準時間タイプ/目標時間タイプ

　仕事と時間の関係を考えてみると、大きく2つのタイプの仕事があります。

　1つ目は、1件当たりにかけるべき標準時間×件数でかけるべき時間の目標を設定して進めるべき仕事です。つまり、かけるべき時間が決まっている仕事です。伝票処理などは、その枚数によっておおよそどれくらいの時間をかければよいかの見当がつきます。このような仕事が、「標準時間タイプ」の仕事です。

　2つ目は、標準的にどれだけ時間をかけるべきか、ということが

その業務量によって決まってしまうものではない仕事です。時間の幅があり過ぎて、個人の価値観とスキルによって、かける時間が大きく異なる仕事のタイプです。構想を練る、企画を立てるなどに代表されるような仕事です。これらは、成果に見合う時間の投入量などという具合に、時間を決めて取りかかる必要があります。時間を決めなければ、個人の価値観とスキルなどの影響を受けて、人によって大きな開きが生じます。このような仕事が「目標時間タイプ」の仕事です。

　自分が何かの仕事に取り組むときは、それがどっちのタイプの仕事かをしっかり認識し、それぞれのタイプに合わせた目標を設定してから取り組みましょう。何よりも、やるべきこととそれにかける時間を意識することが大切です。それは、やるべきことを行った結果得られるもの、自分と自分が所属する組織にとってどれほどの価値があることなのかを考えることでもあります。「どのようなことに、限られた時間をどれだけ投入すべきか」という意識が必要です。

## （2）他者との約束時間／自由にできる時間／自分との約束時間

　スケジュールを組むときの時間の区分を考えてみてください。自分以外の人との約束のある時間とそれ以外の時間にまず区分していませんか。また他の人との約束の時間は、なるべく先約を避け、それ以外の自分で「自由にできる時間」から他の人との約束の時間を割り当てていると思います。もちろん、他者との約束の時間も重要

度によっては変更しますが、要は、約束が重ならないように、ダブルブッキングを避け、自分が「自由にできる時間」から「他者との約束時間」を捻出していきます。

　このときに注意したいのが、私たちはとかく「他者との約束時間」を重要視し過ぎて、自分が「自由にできる時間」のうち、「自分との約束時間」を必要以上に削ってしまう傾向があるということです。他者との打ち合わせなどの「他との約束の時間」は、自分の仕事をする上でもちろん大切ですが、自分の仕事の成果をよりよいものにするためには、自分一人で考える時間や作業する時間も必要です。自分の人生目標や、人生の目標と関わりの深い仕事の目標を実現したり、よりよい成果を創出するということを考えると、それを実行する自分が1人で考える時間や作業する時間は大変重要な時間であるはずです。そのための時間が「自分との約束時間」になるのです。そうすると、「自由にできる時間」と、とりわけその中の「自分との約束時間」の質と量を確保することの重要性を改めて認識することになるでしょう。

## （3）中断時間

　時間の性質にまつわる3つの考え方の3つ目は、「中断時間」に注意するということです。「中断時間」とは文字通り、1つのことに取り組んでいるときに電話をとったり、誰かに声をかけられたり、突然別の仕事をやらなければならなくなったり、仕事の途中で中断されてしまう時間です。「仕事の途中で中断されると、中断前の仕

事の効率に戻るまでには、中断された時間の分だけ余分にかかる」などとも言われるほどです。

　また、「思考の時間が必要な創造性の高い仕事では、中断前の仕事効率に戻るまでには、中断された時間の数倍かかることもある」とも言われます。思考の時間をとっておいて、よいアイデアが閃いた瞬間、声をかけられて、そのアイデアを忘れてしまったら、「中断された時間の数倍」かけても失われた瞬間を取り戻すことができないという恐れがあります。運よく、その閃きにまた巡り合ったとしても、最初の閃きから中断されずに、良質の思考の連続により創造されたものとは違ったアウトプットになってしまうことが多いのではないでしょうか。

　中断されることによる時間のロスは非常に大きいものと認識しなければなりません。1日の仕事の中で、意識してみると中断時間は意外に多いことがわかってきます。それによる非効率な時間もずいぶんあるということです。

　特に「中断時間」が発生すると効率が悪くなるような仕事を行うときには、「中断時間」が発生しないような工夫や周囲への協力の取りつけが大切です。また、お互い様ですから職場の他の方が同様の状況にあったら、「中断時間」をつくらなくてすむような気遣いも必要です。

## 3 自分の時間の使い方を分析する

　これまで、タイム・イノベーション®のための時間の考え方やケーススタディにより、タイム・イノベーション®のエッセンスをお伝えし、時間の性質にまつわる3つの考え方も確認しました。あなたが自分自身のタイム・イノベーション®を起こすには、まず自分の時間の使い方を明らかにし、これまでに伝えた考え方に基づいて分析してみる必要があります。

　先ほどはケーススタディについて分析しましたが、今度は、あなた自身のケースを分析してみましょう。

　もうすでに、タイム・イノベーション®を起こすための基礎知識はお伝えしました。これらの知識に基づいて、自分の時間の使い方を冷静に分析してみてください。分析する際は簡単に自己肯定をしてしまわずに、問題点を直視するようにしてください。多くの問題点を発見できたということはそれだけタイム・イノベーション®を起こすための知識が身についた証拠であり、それらの多くの問題を解決するということは、それだけ革新的なタイム・イノベーション®を起こすことができるのです。

　分析にあたっては103ページの図表3-1に示した「時間の使い方のセルフチェック・シート（自分自身のケーススタディ）1日用」を用います。なお、202ページに記入シートがあります。

このセルフチェック・シートは仕事中はもちろんのこと、プライベートでも、傍らに置き、事あるごとに以下の事項を記入していきます。これは、今から先の時間を何に使うのかを意思決定するツールであり、今よりも前のことについては実際の時間の使い方や何があったかを書き留めるもので、羅針盤と航海日誌のようなものです。

## （1）セルフチェック・シートの使い方

　図表3-1に揚げた「時間の使い方のセルフチェック・シート（自分自身のケーススタディ）1日用」の使い方は以下の通りです。
　①左上に日にちを書きます。
　②1日のスケジュールをスケジュール欄に、シャープペンシルや鉛筆など後で消すことができる筆記具で書きます。
　重要なことは、スケジュール通りにその日1日を過ごすことより、刻々と変化する状況の中で、今から先の時間を何に費やすべきかを考えて、最適な時間の活用を行うことです。自分の時間資源を、これから何に投入すべきかを常に考えるのです。ですから今から先の時間の予定（計画時間と予定時間）を変更しようと思ったら、これから先の分を消して書き直してください。
　また、記入例の通り、スケジュール欄にはいつからいつまで何を行うのかを、開始時刻から終了時刻までの間の時間に線を引いて、四角く囲んでください。これから何にどれだけの時間を、使うのかが一目でわかるようにします。
　③それと同時にアクチャル欄に、仕事に一区切りついたタイミン

グや、今から先の時間の予定（計画時間と予定時間）を変更しようというタイミングで、それまでにかけた時間と行ったことを書きます。

　スケジュール欄と同様に、アクチャル欄にもいつからいつまで何を行ったのかを、開始時刻から終了時刻とその間の時間に線を引いて、四角く囲んでください。これまで、何にどれだけの時間を、これまで使ったかが一目でわかるようにします。

　④1日を終えるタイミングで必ず、シートの右側にある振り返り項目に従い振り返りを行い、自分の時間の使い方を分析し、改善点を明らかにします。

　自分の時間の使い方の問題点に気づき自ら改善していくことで、タイム・イノベーション®を起こすことにつながります。時間に対する意識と感覚を研ぎ澄ましていくことが重要です。この「時間の使い方のセルフチェック・シート（自分自身のケーススタディ）1日用」に記入するセルフトレーニングを2週間続けてください。

　きっと、あなたの時間に対する意識と感覚が研ぎ澄まされていくはずです。

●第3章　時間の使い方の基本

## 図表 3-1　時間の使い方のセルフチェック・シート（自分自身のケーススタディ）1日用（記入例）

| / | スケジュール | アクチャル | 振り返り |
|---|---|---|---|
| 6 | | | 自分の時間の使い方を客観的に見る。該当する項目に☑をつけコメントを書く。<br>□ 人生ビジョンにつながる時間の使い方だったか。<br>□ 目指すキャリアの形成につながる時間の使い方だったか。<br>□ 本日達成すべき成果につながる時間の使い方だったか。<br>□ 習慣特性によって阻害されることはなかったか。 |
| 7 | | | |
| 8 | | | 自分の習慣の特徴を明らかにし、自己革新につなげる。①～⑧について書く。<br>① 自分にはどんな時間の使い方の習慣があるのか。<br>② 時間の使い方35のチェックリストに該当する習慣化された衝動はないか。<br>③ うまくいったこと、うまくいかなかったことを分析する。<br>④ 振り返って無駄と思う時間とその原因は何か。<br>⑤ もっと時間をかけたかったこと、他の人に任せてでもよかったこと、そもそもなぜ時間をかけるのか疑問に思うことはなかったか。<br>⑥ 今日やっておくべきだったこと／今日やらなくてもよかったことは何か。<br>⑦ 他人の時間の妨げをしたこと、妨げになったことは何か。<br>⑧ 明日以降気をつけることは何か。 |
| 9 | ○○の企画…集中時間 | ○○の企画…方策検討まで終了 | |
| 10 | ○○氏との打ち合わせ<br>新商品導入の件 | ○○部長からの△△指示対応 | |
| 11 | | | |
| 12 | | | |
| 13 | | | |

103

| 振り返り |
|---|
| 自分の時間の使い方を客観的に見る。該当する項目に ☑ をつけコメントを書く。 |
| ☐ 人生ビジョンにつながる時間の使い方だったか。 |
| ☐ 目指すキャリアの形成につながる時間の使い方だったか。 |
| ☐ 本日達成すべき成果につながる時間の使い方だったか。 |
| ☐ 習慣特性によって阻害されることはなかったか。 |
| |
| 自分の習慣の特性を明らかにし、自己革新につなげる。①〜⑧について書く。 |
| ① 自分にはどんな時間の使い方の習慣があるのか。 |
| ② 時間の使い方35のチェックリストに該当する習慣化された衝動はないか。 |
| ③ うまくいったこと、うまくいかなかったことを分析する。 |
| ④ 振り返って無駄と思う時間とその原因は何か。 |
| ⑤ もっと時間をかけたかったこと、他の人に任せてもよかったこと、そもそもなぜ時間をかけるのか疑問に思うことはなかったか。 |
| ⑥ 今日やっておくべきだったこと／今日やらなくてもよかったことは何か。 |
| ⑦ 他人の時間の邪魔をしたこと、邪魔になったことは何か。 |
| ⑧ 明日以降気をつけることは何か。 |

## 図表3-2 時間の使い方のセルフチェック・シート（自分自身のケーススタディ）1日用

| / | スケジュール | アクチャル | 振り返り |
|---|---|---|---|
| 6 | | | 自分の時間の使い方を客観的に見る。該当する項目に✓をつけコメントを書く。<br>□ 人生ビジョンにつながる形成につながる時間の使い方だったか。<br>□ 目指すキャリアの形成につながる時間の使い方だったか。<br>□ 本日達成すべき成果につながる時間の使い方だったか。<br>□ 習慣特性によって阻害されることはなかったか。 |
| 7 | | | |
| 8 | | | 自分の習慣の特性を明らかにし、自己革新につなげる。①～⑧について書く。<br>① 自分にはどんな時間の使い方の習慣があるのか。<br>② 時間の使い方35のチェックリストに該当する習慣化された衝動はないか。<br>③ うまくいったこと、うまくいかなかったことを分析する。<br>④ 振り返って無駄と思う時間とその原因は何か。 |
| 9 | | | ⑤ もっと時間をかけたかったこと、他の人に任せてもよかったこと、そもそもなぜ時間をかけるのか疑問に思うことはなかったか。 |
| 10 | | | ⑥ 今日やっておくべきだったこと／今日やらなくてもよかったことは何か。 |
| 11 | | | ⑦ 他人の時間の妨げをしたこと、妨げになったことは何か。 |
| 12 | | | ⑧ 明日以降気をつけることは何か。 |
| 13 | | | |

## （2）仕事の役割と自己目標のすり合わせ

　仕事をしている方にとっては、人生における仕事に費やす時間の割合は非常に大きいものと言えます。仮に1日8時間程度働き、時間外勤務や休日出勤もあり、それ以外にも仕事のことを考えたり、仕事の技量を上げるために自己啓発を行ったりということを想定すれば、少なくとも1日平均8時間、つまり人生の3分の1以上は仕事に関係することを行い、残りの3分の1程度は睡眠・身支度・通勤などに消費する時間ということになるでしょう。そう考えれば、生産的な活動時間の大半を占めるのが「仕事に従事する時間」ということになります。

　このように仕事が自分の人生に大きな影響を与える場合、「仕事における役割」と「自分自身の人生における目標」とのすり合わせが、自分の時間価値を高め、人生の価値を高めるためには大変重要になります。実際の仕事を通じて形成するキャリアと将来こうなりたいというキャリアビジョンが合致していることと、人生の究極の目標とキャリアビジョンが合致していることの両方を満たしている必要があります。

　人生の究極の目標を考えるためには、自分自身の過去から現在までの人生の脈絡をしっかりと分析し、これから先の将来をどのように築いていきたいかをじっくりと考える機会をもつ必要があります。

　1週間から2週間は少なくとも時間をかけて、可能な限り自分の幼い頃のことを思い出してください。幼い頃の写真があればそれも大いに役に立つでしょう。自分の3歳、2歳、あるいはその先

までのことを思い出してみてください。断片的な記憶がよみがえってきたらしめたものです。集中して、その前後の記憶を呼び起こしてみてください。それらの自分自身の最も古い記憶の中で、うれしい出来事と怖い・悲しい・つらい・恥ずかしいなどという嫌な出来事をそれぞれ1つか2つ挙げてみます。どういう情景かを極力思い出し、なぜうれしい、あるいは嫌な出来事と感じたかを考えます。そのとき感じ取ったことやその経験により、その後の生き方に影響を及ぼしたこと、人生をこのように生きていこうと思ったことはないか考えてみましょう。

　次に、5～6歳頃と11～12歳頃と15～16歳頃を意識して同様に行ってみてください。記憶をたどった結果、思い出されたことが必ずしもぴったりと5～6歳頃と11～12歳頃と15～16歳頃のことである必要はありません。重要なのは乳児期、幼児期、児童期、思春期のそれぞれの発達段階で経験し感じたことからどのような影響を受けたのか、それがその後の人生にどのような影響を与えたのか、それらのことが今の自分にとってどのような意味をもつものなのかを探るということです。時間をかけてじっくり考えてください。

　今度は、可能な限り自分の幼い頃から乳児期、幼児期、児童期、思春期のうれしい出来事と嫌な出来事とその影響、そしてその後今日までの自分のライフ・イベント（進学、就職、結婚など人生の節目となる出来事）の脈絡について考えてみてください。例えば、ライフ・イベントに際して選択した事柄や取った行動と、過去の出来事において得た教訓やその時に抱いた決意との関係などということ

です。

　もしかすると、本書で先に説明した「無意識に選択した人生計画」の脈絡が見えてくるかもしれません。そうすると、これから先、「無意識に選択した人生計画」に従っていくと将来がどうなるのかもある程度予測できると思います。

　これとは別に、今の自分が、人生の最後がどのような様子であることを望むか、そのときまでに何を得ていたいか、振り返ってどんな人生だったと総括したいかということを具体的にイメージできるまでよく考えてみてください。これが、今の自分が望む人生のビジョンです。

　「無意識に選択した人生計画」に従っていく将来と、今の自分が望む人生のビジョンの到達点がほぼ同じと予測されるなら問題はありませんが、多くの場合異なっているものです。つまり、「無意識に選択した人生計画」に乗ったままでは、本当に望む人生の到達点にはたどり着けないということになります。

　「ドライバーによって駆り立てられること」や「ストッパーによる禁止のメッセージ」、あるいは「無意識に選択した人生計画」などの影響を受けて過ごしている現在の時間の過ごし方についてよく考えていただきたいのです。「無意識に選択した人生計画」「ドライバーによって駆り立てられること」「ストッパーによる禁止のメッセージ」というこれら3者の関係とは、「無意識に選択した人生計画」そのものが「ドライバーによって駆り立てられること」や「ストッパーによる禁止のメッセージ」の影響による行動に現れるという関係であると言われています。これまでの時間の過ごし方を振り

返っていただき、それでは自分が望む人生のビジョンの実現が難しい、あるいは遠回りしてしまうと判断した場合には、「無意識に選択した人生計画」からの脱却が必要になります。

　「無意識に選択した人生計画」から脱却して、今の自分が望む人生のビジョンに向かっていくためには、「自分が望む人生のビジョン」に到達するまでの道筋、つまり「望ましい人生計画」を立てる必要があります。そして、「望ましい人生計画」に沿った時間の使い方を日々実行していく必要があります。日々の5分・10分という時間の積み重ねが人生であることを忘れないでください。

　また、日々の5分・10分という時間を過ごす際には、「無意識に選択された人生計画」と大いに関係があるドライバーとストッパーに気づき、その対処もしっかりと行っていく必要があります。

## （3）望ましいキャリアビジョンを描くために

　自分の人生において多くの時間を占める仕事に直接関係する「望ましいキャリアビジョン」を描くためには、まず「望ましい人生計画」が必要です。ここでは「無意識に選択した人生計画」に対して「望ましい人生計画」という言葉を使用していますが、これは「望ましい人生ビジョンとそこに至るまでの道筋あるいはシナリオ」という意味です。今後も「望ましい人生計画」という言葉を使用していきますが、意味は前述と同様です。

　「望ましいキャリアビジョン」を描くためには、前述のような自己分析や検討を行い、必要であれば「無意識に選択した人生計画」

からの脱却を図らなければなりません。

　このようにして構築した「望ましい人生計画」から、仕事として「やりたいこと」を挙げていきます。

　次に「やりたいこと」を行うためには「できること」を検討しなければなりません。それは、今現在の「できること」と将来「できること」にしたいことを明確にすることです。

　ここでいう「できること」とは、やりたい仕事を行うのにふさわしいパーソナリティを備えているか、やりたい仕事を行うのにふさわしい知識、スキル、地頭力といった能力を備えているか、そしてやりたい仕事を行うのにふさわしい行動力を備えているかということです。今「できること」をどれだけ有していて、これから将来に向けて「できること」として身につけていくことで十分に勝算があるのかということを考える必要があります。

　もう1つ考えるべきことは、その仕事が顧客、企業、社会から「求められていること」であるかどうかです。「やりたいこと」があり、そのやりたいことを行うための「できること」が十分に備わっていても、それが「求められていること」でなければ、その仕事は社会的に意義のある仕事とは言えませんし、第一、それを職業としても経済的に成り立たないということになります。

　つまり、自分にとっての望ましいキャリアビジョンを描くためには、「やりたいこと」「できること」「求められること」の3つの条件を満足させるものである必要があるということです。これは、企業に勤める場合だけでなく、起業しようという場合にも当てはまります。

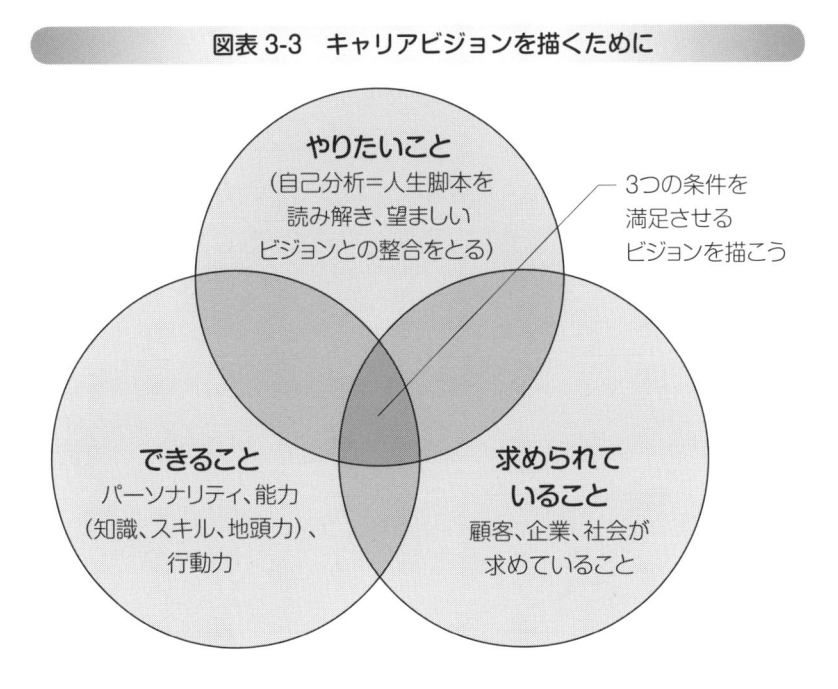

## 図表3-3 キャリアビジョンを描くために

- **やりたいこと**（自己分析＝人生脚本を読み解き、望ましいビジョンとの整合をとる）
- **できること** パーソナリティ、能力（知識、スキル、地頭力）、行動力
- **求められていること** 顧客、企業、社会が求めていること

3つの条件を満足させるビジョンを描こう

## （4）「無意識に選択した人生計画」からの脱却

　「無意識に選択した人生計画」をはじめ、「無意識に選択した人生計画」によって現れる「ドライバーによって駆り立てられること」や「ストッパーによる禁止のメッセージ」の影響による行動から脱却するためには、これまで説明してきた通り、現在と過去の行動の分析から、「脱却が必要である」という認識に立つのが第1ステップです。

　分析方法としてはこれまで述べてきたことの他に、次の方法も有効です。それは、何にどれくらい時間を費やしているかということを分析してみる方法です。先に紹介した「時間の使い方のセルフ

チェック・シート」やこの後のタイム・イノベーション®の８つのスキルの５番目の「順序構成」のところで紹介する「週間行動計画表」を活用することで、この分析が可能になります。

　時間の使い方の集積が人生です。これまでの人生を何に費やしてきたかを分析することでも、どの部分を変革する必要があるかがわかります。そして、「望ましい人生計画」の実現を妨げたり、遠回りさせるような時間の使い方をしているときには、そのような行動をとってしまうきっかけや、その後の行動修正を適切に行わせない原因として、「無意識に選択した人生計画」からの脱却と「無意識に選択した人生計画」の影響による「ドライバーによって駆り立てられること」「ストッパーによる禁止のメッセージ」が存在していることが多いはずです。

　「無意識に選択した人生計画」が必要であるという認識に立った場合には、先に説明した通り、まず「望ましい人生計画」を描き、仕事を持っている人は次に「望ましいキャリアビジョン」を描きます。

　「望ましい人生計画」「望ましいキャリアビジョン」を実現するために、タイム・イノベーションの８つのスキルの１番目の「状況分析」以降で紹介する「タスク設定シート」と５番目の「順序構成」のところで紹介する「週間行動計画表」を活用し、この先何にどれくらい時間を投入していけばよいかを見定めて、行動していきます。そして、望ましい時間の使い方をしていくために、タイム・イノベーション®の８つのスキルを習得し、活用していってください。

　もう１つ、「無意識に選択した人生計画」「ドライバーによって

駆り立てられること」「ストッパーによる禁止のメッセージ」の影響を回避するためには、タイム・イノベーション®の８つのスキルの８番目の「習慣化」に掲げた、「自分に必要な自我の機能を高める習慣のヒント」を参考に、自分に必要な自我の機能を高めていくことにより大きな効果を期待することができます。

# 第4章

# タイム・イノベーション®の8つのスキル

# 1 タイム・イノベーション®の8つのスキルについて

　タイム・イノベーション®とは、自分自身の時間価値の最大化を図るために、時間というパラメータを用いて、自己の革新と成長を図ることです。タイム・イノベーション®には、時間価値の最大化を図るための考え方・ノウハウとスキルがあります。

　自分の時間価値を最大にするということは、「自分が望む人生のビジョン」に対する成果が高く、しかも時間効率がよいということです。さらに、人生の多くの割合を仕事が占めているビジネスパーソンにとっては、時間効率がよく、高い成果をあげるということでもあります。

　タイム・イノベーション®の時間価値の最大化を図るための考え方・ノウハウを活用するための基本となる8つのスキルがあります。

## （1）タイム・イノベーション®の8つのスキル

　タイム・イノベーション®の8つのスキルとは、「状況分析」「項目列挙」「潜在問題対処」「時間構造化」「順序構成」「コミュニケーション対応」「実行管理」「習慣化」と呼ばれるものです。各スキルの詳細は以下の節で解説するので、ここではそれぞれの概要を図表4-1に揚げます。

## 図表 4-1　タイム・イノベーション®の8つのスキル

| スキルの名称 | スキルの概要 |
|---|---|
| スキル1：状況分析 | 気になること、もやもやした問題意識、やらなければならないこと、やりたいことをリストアップし、その目的、目標、実施時期を明確化し、何に取り組むべきか、どの程度取り組むべきかを決める。 |
| スキル2：項目列挙 | 取り組むべきテーマごとに作業レベルまでやるべきこと（タスク）を細かく分解してリストアップする。 |
| スキル3：潜在問題対処 | やるべきこと（タスク）の達成を妨げる潜在的問題（リスク）を分析し対処する。 |
| スキル4：時間構造化 | 時間の性質にまつわる3つの考え方に基づいて、やるべきことの成果に見合った投入時間を設定する。 |
| スキル5：順序構成 | 列挙した項目を実行に移すときは、効率・効果を考えた順序の構成を行う必要がある。 |
| スキル6：コミュニケーション対応 | 活動ではコミュニケーションに多くの時間を費やす。効果的・効率的に行う方法を活用するか否かがポイントになる。良好な人間関係の構築を心がける。 |
| スキル7：実行管理 | 計画を確実に実行することで成果を創出できる。 |
| スキル8：習慣化 | 習慣化のスキルを身につけ、タイム・イノベーション®を実現する。 |

## （2）タスク設定シートを活用する

　次に掲載する表は、「タスク設定シート」と呼ばれるもので、どのようなものかというと、タイム・イノベーション®の8つのスキルのうちの「状況分析」「項目列挙」「時間構造化」「潜在問題対処」

の各スキルを身につけ、発揮するときに使います。タスク設定シートの左側から右側へと項目に従って考えて書き留めていくと、時間効率と時間価値を高める事柄を見出すことができるようになっています。日常生活や仕事で、何に取り組むべきかを考える思考のプロ

**図表 4-2　タスク設定シート**

| 状況分析 | | | 項目列挙　/　時間構造化 | | |
|---|---|---|---|---|---|
| 問題意識記入 | 状況整理 | ゴール設定 | 優先順位 ◎○ △× | ゴール達成のタスク | 投入時間 |
| ●気になること、もやもやした問題意識を書き出す | ●やらなければならないこと、やりたいことをリストアップする | ●やらなければならないこと、やりたいことの①目的、②目標、③実施時期を決める | | ●細かく分解してリストアップ | |

セスが示され、タスク設定シートを活用していくとそれが身につくようになっています。なお、204ページに記入シートがあります。

　以下の節では8つのスキルそれぞれの活用の仕方とタスク設定シートの活用方法について解説していきます。

| 潜在問題対処／時間構造化 | | | | | | | |
|---|---|---|---|---|---|---|---|
| タスクを妨げるリスク<br>●タスクを妨げるような不安なことがありますか | 発生可能性<br>3.2.1.0 | 重大性<br>3.2.1.0 | 潜在問題の原因分析<br>●対処すべきリスクの原因は何ですか | 予防対策<br>●不安なことを予防する対策はありますか、タスクに加えますか | 投入時間 | 発生時対策<br>●不安なことが起こった場合、いつ、何をしますか | 投入時間 |
| | | | | | | | |

## 2 タイム・イノベーション®のスキル1 ……状況分析

> 状況分析……気になること、もやもやした問題意識、やらなければならないこと、やりたいことをストアップし、その目的、目標、実施時期を明確化し、何に取り組むべきか、どの程度取り組むべきかを決める。

　これから限りある時間資源を何に向けて活用すべきかを明確にするためのスキルです。気になることややらなければならないことに対して、思いつきで場当たり的に着手すると、他のもっと先に着手すべきことを見逃してしまったり、効率の悪い手順で行ってしまう場合があります。

　また、思いつきで場当たり的に着手するときには、とかく「無意識に選択した人生計画」や「無意識に選択した人生計画」と大いに関係があるドライバーとストッパーの影響を受けてしまい、望ましい着手項目と着手順序とは異なることを行う場合が多いものです。このようなことを避けるためにも方法を身につけ、実践したいスキルです。

　先に紹介した「タスク設定シート」を活用しながら、以下の手順で進めていきます。

●第4章 タイム・イノベーション®の8つのスキル

「タスク設定シート」は「状況分析」の部分を活用します。

**図表4-3 タスク設定シートの「状況分析」の部分を活用**

| 状況分析 | | | 優先順位 ◎○ △× |
|---|---|---|---|
| 問題意識記入 | 状況整理 | ゴール設定 | |
| ●気になること、もやもやした問題意識を書き出す | ●やらなければならないこと、やりたいことをリストアップする | ●やらなければならないこと、やりたいことの①目的、②目標、③実施時期を決める | |
|  |  |  |  |

[1] 気になること、もやもやした問題意識を書き出す。

[2] 気になること、もやもやした問題意識を分析し、やらなければならないこと、やりたいことをリストアップする。業務上明確になっている、やらなければならないこと、やりたいこともリストアップする。

[3] やらなければならないこと、やりたいことの①目的、②目標、③実施時期＝ゴールを設定する。

> 「何をいつまでに、どの程度まで行うべきか」を明確にする。
> [4] 数多くのやらなければならないこと、やりたいことの中で、何に取り組むべきか、優先順位づけをして意思決定する。

　[1] から [4] までの進め方を、事例を使って説明しましょう。まず、仕事の場面で、上長から次のような指示を受けた場合です。

> 上長から「当社の主任クラスの成果創出力を向上させよ！」との指示を受けた　⇒　どうするか

　[1] 気になること、もやもやした問題意識に、「当社の主任クラスの成果創出力を向上させよ！」との指示を受けたことを書き出します。

　次に、[2] 気になること、もやもやした問題意識を分析し、やらなければならないこと、やりたいことをリストアップします。他に業務上明確になっている、やらなければならないこと、やりたいこともリストアップします。これは、8つのタイム・イノベーション®・スキルの項目列挙とも重なることですが、「まず書き出す」「そして書き出す習慣を身につける」ことを意識的に行い、「多くの視点からやるべきことやアイデアを書き出す」ようにします。

> 【問題意識記入】
> 気になること、もやもやした問題意識に上長からの指示を書き、自分が取り組むべきことと認識した。
>
> ↓
>
> 【状況整理】
> 何にどの程度取り組むべきかを決めるために行うこととして次のことを考えた。
>
> ↓
>
> ■何が背景にあって、このような指示になったのか……背景・意図・求める水準を確認する
> ■現実はどうなっているのか……事実とギャップを確認する
> ■現場では、何が求められるのか……ニーズを確認する
> ■重点開発課題を設定する
> ■「成果創出力の向上」を実現する施策を策定し、施策ごとに、目的、目標、実施時期などを設定する
> ■この施策を実施することにより成果が現れると判断した
> ■指示者に提案し、ゴールを確認し、意思決定を仰ぐ

[2]の情報収集と検討に基づき、[3]やらなければならないこと、やりたいことの①目的、②目標、③実施時期＝ゴールを設定します。

事例では、「研修会を企画する」ということを考え、その研修会の内容についてのゴールを定め、さらにその研修会に対象者（主任クラス全員）を出席させることもゴールとしました。

そして、[4]数多くのやらなければならないこと、やりたいこと

### 図表4-4 タスク設定シート記入例①〜状況分析〜

| 状況分析 | | | |
|---|---|---|---|
| 問題意識記入 | 状況整理 | ゴール設定 | 優先順位 |
| ●気になること、もやもやした問題意識を書き出す | ●やらなければならないこと、やりたいことをリストアップする | ●やらなければならないこと、やりたいことの①目的、②目標、③実施時期を決める | ◎○△× |
| 上長から「当社の主任クラスの成果創出力を向上させよ！」との指示を受けた | ■何が背景にあってこのような指示になったのか……背景・意図・求める水準を確認する<br>■現実はどうなっているのか……事実とギャップを確認する<br>■「成果創出力の向上」を実現する施策を策定し、施策ごとに、目的、目標、実施時期などを設定する | | |

の中で、何に取り組むべきか、優先順位づけをして意思決定します。

　事例では、検討の結果、研修内容の充実と出席対象者を確実に出席させることの両方とも優先度が高いと評価しました。

　優先度の評価は、本書では簡単に◎、○、△、×とするようにしています。

　優先順位のつけ方について考えてみましょう。

　P.126の図表4-6を見てください。あなたなら、仕事をする上での心構えとして、図表に示した「A」「B」「C」「D」のどのゾー

### 図表 4-5　タスク設定シート記入例②〜状況分析〜

| 状況分析 | | | |
|---|---|---|---|
| 問題意識記入 | 状況整理 | ゴール設定 | 優先順位 |
| ●気になること、もやもやした問題意識を書き出す | ●やらなければならないこと、やりたいことをリストアップする | ●やらなければならないこと、やりたいことの①目的、②目標、③実施時期を決める | ◎○△× |
| 上長から「当社の主任クラスの成果創出力を向上させよ！」との指示を受けた | ■何が背景にあってこのような指示になったのか………背景・意図・求める水準を確認する ■現実はどうなっているのか………事実とギャップを確認する ■「成果創出力の向上」を実現する施策を策定し、施策ごとに、目的、目標、実施時期などを設定する | 研修会を企画する | |
| | | 「社内の主任クラス全員に２日間の問題解決研修を実施する」 | ◎ |
| | | 研修会に出席させる | ◎ |

ンにある業務を優先順位の１番にすべきだと思いますか。

図表 4-6 を見て、重要性も緊急性も高い A のゾーンにある案件

125

**図表 4-6　仕事の優先順位の考え方①**

仕事の優先順位

| 価値＼時間 | 緊急性 | |
|---|---|---|
|  | 高い | 低い |
| 重要性 高い | A | B |
| 重要性 低い | C | D |

を優先順位の１番にしようと思われた方も多いのではないかと思います。

　しかし、先の質問は「仕事をする上での心構えとして、どのゾーンにある業務を優先順位の１番にすべきか」ということでした。「心構えとして」はＢのゾーンにある案件を優先順位の１番にするのが理想です。本来、仕事は重要性が高いものから優先的に行うべきものなのですが、重要性の高い仕事の着手が遅れると、重要性の高い仕事は、さらに緊急性まで高くなってしまいます。重要性の高い仕事であれば、緊急性が要求されてやっつけ仕事にならないように、重要度に見合う分の時間をかけて行いたいものです。そのような意味で、「仕事をする上での心構えとして」はＢのゾーンにある案件を優先順位の１番にしたいものです。

　もちろん、現実は理想通りにはなかなかなりませんから、Ａのゾーンの仕事が発生してしまったら、すぐにＡのゾーンの仕事に取り

かからなければならないのは言うまでもありません。

　人間は往々にして、緊急性のワナにはまりがちです。緊急だということを聞くと、重要度の判断をしようとする思考を停止して、緊急性の高い仕事からついつい着手してしまいがちです。しかし、重要性と緊急性の両方の尺度で分析してみる必要があります。その結果、緊急性は高いが、重要性は低いCゾーンの仕事であれば、極力行わないですむようにするか、あるいはそれを自分が行う必要があるのかを考えてみて適任者に依頼するようにしたいものです。

　仕事をする上での心構えとしての優先順位は次の図表4-7のようになります。

**図表4-7　仕事の優先順位の考え方②**

仕事をする上での心構えとしての優先順位

| 価値＼時間 | | 緊急性 | |
|---|---|---|---|
| | | 高い | 低い |
| 重要性 | 高い | A | B 優先順位1番。放置するとAになる！ |
| | 低い | C 誰かに任せること！ | D やらない |

　なお、「タスク設定シート」の優先度の評価は、重要性と緊急性でそれぞれ評価し、総合的に何に取り組むべきかを決めるという方法もあります。

## 3 タイム・イノベーション®のスキル2 ……項目列挙

> 項目列挙……取り組むべきテーマごとに作業レベルまでやるべきこと（＝タスク）を細かく分解してリストアップする。

［1］まず書き出す。そして書き出す習慣を身につける。
　　□頭の中でもやもや考えるより、気になること・やるべきこと・アイデアを書き出して眺めた方が思考が整理できる。
　　□やるべきことを漏れなくストックしておくことが、時間の有効活用につながる。
　　□自分の発想が湧きやすい場所、時間に逃さずメモがとれるように準備しておく。
　　□定期的に書き出す習慣をつける。
　　□人に依頼したこと、指示したこともメモする。

［2］多くの視点から、やるべきことやアイデアを書き出す。書き出した事柄については、次にやるべきことをできるだけ細かいタスク（作業）に分解して書いてみる。
　　　□自分の役割から　　□担当している業務から

> ☐業務発生のサイクルから
> ☐形態や分類別に考えると　　☐管理手順で考えると
> ☐業務手順で考えると　　☐目的、手段で考えると
> ☐人別に考えると
> ☐直近のこと、先々のことで考えると
> ☐やりたいこと、やらなければならないことから
> ☐気になることを分析すると
> ☐思いついたアイデアから

　状況分析においても、この項目列挙のスキルの発揮が必要です。状況分析でも「まず書き出す」「そして書き出す習慣を身につける」ことを意識的に行い、「多くの視点からやるべきことやアイデアを書き出す」ようにします。

## (1) WBS

　やるべきことをできるだけ細かいタスク（作業）に分解して書いたものを「WBS（ダブリュービーエス）」と言います。これは「Work Breakdown Structure」の略です。

　上長から「当社の主任クラスの成果創出力を向上させよ！」との指示を受けた事例で、状況分析の続きとしての項目列挙を行ってみましょう。図表4-8のように、状況分析で項目列挙された事柄について、例えば「社内の主任クラス全員に2日間の問題解決研修を実施する」ということについては、それを実現するため、さらに

WBSとして「内容を決める」「研修成果の目標を決める」「研修の方法を決める」……というように、細かいタスクとして項目を列挙していきます。

**図表 4-8 タスク設定シート記入例③〜項目列挙〜**

| 状況分析 | | | | 項目列挙 ／ 時間構造化 |
|---|---|---|---|---|
| 問題意識記入 | 状況整理 | ゴール設定 | 優先順位 | ゴール達成のタスク |
| ●気になること、もやもやした問題意識を書き出す | ●やらなければならないこと、やりたいことをリストアップする | ●やらなければならないこと、やりたいことの①目的、②目標、③実施時期を決める | ◎○△× | ●細かく分解してリストアップ |
| 上長から「当社の主任クラスの成果創出力を向上させよ！」との指示を受けた | ■何が背景にあってこのような指示になったのか……背景・意図・求める水準を確認する ■現実はどうなっているのか……事実とギャップを確認する | | | |
| | ■「成果創出力の向上」を実現する施策を策定し、施策ごとに、目的、目標、実施時期などを設定する | 研修会を企画する | | |
| | | 「社内の主任クラス全員に２日間の問題解決研修を実施する」 | ◎ | 「社内の主任クラス全員に２日間の問題解決研修を実施する」 |
| | | | | ☑内容を決める |
| | | | | ☑研修成果の目標を決める |
| | | | | ☑研修の方法を決める |
| | | | | ☑スケジュールを決める |
| | | | | ☑講師を決める |
| | | | | ☑研修室の手配をする |
| | | | | ☑備品の手配をする |
| | | | | ☑教材の手配をする |
| | | 研修会に出席させる | ◎ | 対象者全員を参加させる |
| | | | | ☑研修案内を作成する |
| | | | | ☑各部に告知する |
| | | | | ☑申し込み受付をする |
| | | | | ☑受講者名簿を作成する |
| | | | | ☑全員受講するように調整する |
| | | | | ☑受講日ごとに受講者に事前案内を送る |

# 4 タイム・イノベーション®のスキル3 ……潜在問題対処

> 潜在問題対処……やるべきこと（＝タスク）の達成を妨げる潜在的問題（＝リスク）を分析し対処する。

## （1）潜在問題の分析方法

　仕事でも日常生活でも、計画を立てたのに思惑通りにうまく事が運ばないことはたくさんあります。その要因の一つが潜在問題への対処を想定していないということなのです。思惑通りにならない可能性があることについては、潜在問題があるととらえ、リスクとして取り扱う必要があります。

　タスクが思惑通り実行できない可能性を、リスクとしてとらえるのです。したがって、ゴール達成のタスクごとにリスクがないか、あるとすればそれが何であるかを想定します。

　そして、そのリスクが発生する可能性と、リスクが発生した場合の問題の重大性を評価します。要は、「何か不安なことはないか」を考えて、不安なことがあったら、「その不安なことが起こる可能性」と、「不安なことが起こった場合の影響の重大性」を評価します。この可能性と重大性を総合評価し、リスクを想定し、対策を考えておくべきか、それとも考慮しないでおいてもよいかを判断します。

### 図表 4-9　タスク設定シート記入例④〜潜在問題対処〜

| 項目列挙　/　時間構造化　　　　　　　　　 | | 潜在問題対処 / 時間構造化 | | |
|---|---|---|---|---|
| ゴール達成のタスク<br><br>●細かく分解してリストアップ | 投入時間 | タスクを妨げるリスク<br>●タスクを妨げるような不安なことがありますか | 発生可能性<br>3, 2, 1, 0 | 重大性<br>3, 2, 1, 0 |
| 「社内の主任クラス全員に2日間の問題解決研修を実施する」 | | | | |
| ☑内容を決める | | | | |
| ☑研修成果の目標を決める | | | | |
| ☑研修の方法を決める | | | | |
| ☑スケジュールを決める | | | | |
| ☑講師を決める | | | | |
| ☑研修室の手配をする | | | | |
| ☑備品の手配をする | | | | |
| ☑教材の手配をする | | | | |
| 対象者全員を参加させる | | 対象者のうち何人かが受講しない | 3 | 3 |
| ☑研修案内を作成する | | | | |
| ☑各部に告知する | | | | |
| ☑申し込み受付をする | | | | |
| ☑受講者名簿を作成する | | | | |
| ☑全員受講するように調整する | | | | |
| ☑受講日ごとに受講者に事前案内を送る | | | | |

## (2) 予防対策と発生時対策

　リスクの発生可能性、つまり「その不安なことが起こる可能性」が高いことについては、リスク発生を抑えるような対策が必要です。これを予防対策と呼びます。

　リスクが発生した場合の重大な問題になりそうな場合、つまり「不安なことが起こった場合にその影響が重大」だと想定される場合は、リスク発生後の影響を最小限にとどめる対策を前もって立てておくことが必要です。これを発生時対策と呼びます。

　リスクが発生する可能性が高く、それによる影響も無視できない場合はリスクが発生する可能性を下げ、リスクが発生した場合の対策も事前に想定しておく必要があります。また、リスクが発生する可能性が低くても、それによる影響が重大な場合もやはり、リスクが発生する可能性を下げ、リスクが発生した場合の対策も事前に想定しておく必要があります。

　重要なことは、リスクは前もって想定し、準備をしておくということです。問題が起こってからの対応だと、時間も非常にかかりますし、最終的な成果も事前に準備をしておく場合よりも低いものになってしまいます。予防対策、発生時対策として想定すべきと決めたことは、WBSにより、具体的なタスクを設定しておきます。

　もう1つ、予防対策と発生時対策を想定するときのポイントがあります。それは、事前に、どのような状況になったら、予防対策や発生時対策を行うかも事前に決めておくということです。

　タスク設定シートの記入要領は図表4-10の通りです。

### 図表 4-10　タスク設定シート記入例⑤〜潜在問題対処〜

| 項目列挙　/　時間構造化 | | 潜在問題対処 / 時間構造化 | | |
|---|---|---|---|---|
| ゴール達成のタスク<br>●細かく分解してリストアップ | 投入<br>時間 | タスクを妨げるリスク<br>●タスクを妨げるような不安なことがありますか | 発生<br>可能性<br>3, 2, 1, 0 | 重大性<br>3, 2, 1, 0 |
| 「社内の主任クラス全員に2日間の問題解決研修を実施する」 | | | | |
| ☑内容を決める | | | | |
| ☑研修成果の目標を決める | | | | |
| ☑研修の方法を決める | | | | |
| ☑スケジュールを決める | | | | |
| ☑講師を決める | | | | |
| ☑研修室の手配をする | | | | |
| ☑備品の手配をする | | | | |
| ☑教材の手配をする | | | | |
| 対象者全員を参加させる | | 対象者のうち何人かが受講しない | 3 | 3 |
| ☑研修案内を作成する | | | | |
| ☑各部に告知する | | | | |
| ☑申し込み受付をする | | | | |
| ☑受講者名簿を作成する | | | | |
| ☑全員受講するように調整する | | | | |
| ☑受講日ごとに受講者に事前案内を送る | | | | |

●第４章　タイム・イノベーション® の8つのスキル

| 潜在問題の原因分析<br>●対処すべきリスクの原因は何ですか | 予防対策<br>●不安なことを予防する対策はありますか、タスクに加えますか | 投入時間 | 発生時対策<br>●不安なことが起こった場合、いつ、何をしますか | 投入時間 |
|---|---|---|---|---|
| | | | | |
| 一度に職場から何人も抜けられない | 研修開催回数を２回増加して、現場の負担を軽くする | | | |
| 仕事が忙しい<br>上長が部下の研修参加に非協力的 | 不参加部門、不参加者を公表する<br>研修目標・研修成果を上長に説明し出席を促進する | | | |
| 本人が受講したいと思わない | 研修目標・研修成果を本人に説明し出席を促進する | | | |
| 突発的な業務で急に参加できなくなる | | | 次回開催の研修でスケジューリングする | |
| 突発的な業務で急に参加できなくなる | | | 規定回数を受講できなかった人を集めて研修会を行う | |

135

# 5 タイム・イノベーション®のスキル4 ……時間構造化

> 時間構造化……時間の性質にまつわる3つの考え方に基づいてやるべきことの成果に見合った投入時間を設定する。

　項目列挙したタスクや、潜在問題対処の予防対策、発生時対策をとして想定すべきと決めた具体的なタスクについて、やるべきことを行った場合の成果に見合った投入時間を設定していきます。これが「時間構造化」です。

　「時間を構造化」した後は、最適な順序で実施するために「順序構成」をします。「順序構成」は次の節で説明するのですが、一連のプロセスなので共通することが多いことから、「時間構造化」で「順序構成」にもつながるところは一緒に説明していきます。

　まず、タスクごとに時間を設定する際と次の章で説明する「順序構成」では、「時間の性質にまつわる3つの考え方」を活用してください。

　それは、タスクが標準時間タイプか目標時間タイプかでかける時間の見積もり方が違うということでした。標準時間タイプのタスクは、1件あたりにかけるべき標準時間×件数というような要領で、かけるべき時間の目標を見積もります。構想を練る、企画をするな

どに代表されるような仕事は目標時間タイプのタスクでした。これらは、成果に見合う時間の投入量などという具合に、時間を決めて取りかかる必要があります。

　他との約束時間／自由にできる時間／自分との約束時間という考え方も必要でした。

　特に「他との約束時間」を重要視し過ぎて、自分が「自由にできる時間」のうち、「自分との約束時間」を必要以上に削ってしまうことがないように注意が必要です。「自由にできる時間」のうちの「自分との約束時間」の質と量を確保できるよう投入できる時間を用意し、それが確実になるような「順序構成」をしなければなりません。

　あと１つが「中断時間」に注意するということでした。中断が入ると、時間の見積りよりも多く時間がかかってしまいます。これも、「時間構造化」と「順序構成」の両方で注意し、「時間構造化」では的確な時間の見積もりを行い、「順序構成」では「中断時間」による時間のロスが発生しないように注意する必要があります。

　他に、「時間構造化」としては、仕事のスタートに際し、準備や段取り時間、仕事のペースをつかむまでの効率が上がらない時間、例外事項や突発事項の発生、疲労による効率の低下などを考慮しておく必要があります。

　突発事項については、突然発生した仕事と思っているが、実は発生頻度や状況を考えると予測できたこと、あるいは定常的なこともあります。潜在問題対処の精度を上げることでカバーできることもあるということです。

　時間構造化を反映させたタスク設定シートの記入例は図表4-11

## 図表 4-11 タスク設定シート記入例⑥〜時間構造化〜

| 項目列挙 / 時間構造化 | | 潜在問題対処 / 時間構造化 | | |
|---|---|---|---|---|
| ゴール達成のタスク<br>●細かく分解してリストアップ | 投入時間 | タスクを妨げるリスク<br>●タスクを妨げるような不安なことがありますか | 発生可能性<br>3, 2, 1, 0 | 重大性<br>3, 2, 1, 0 |
| | | | | |
| 「社内の主任クラス全員に2日間の問題解決研修を実施する」 | (合計)12 | | | |
| ☑内容を決める | 2 | | | |
| ☑研修成果の目標を決める | 1 | | | |
| ☑研修の方法を決める | 2 | | | |
| ☑スケジュールを決める | 3 | | | |
| ☑講師を決める | 1 | | | |
| ☑研修室の手配をする | 1 | | | |
| ☑備品の手配をする | 1 | | | |
| ☑教材の手配をする | 1 | | | |
| 対象者全員を参加させる | (合計)39 | 対象者のうち何人かが受講しない | 3 | 3 |
| ☑研修案内を作成する | 2 | | | |
| ☑各部に告知する | 1 | | | |
| ☑申し込み受付をする | 1 | | | |
| ☑受講者名簿を作成する | 1 | | | |
| ☑全員受講するように調整する | 3 | | | |
| ☑受講日ごとに受講者に事前案内を送る | 1 | | | |
| ☑予防対策 | 21 | | | |
| ☑発生時対策 | 9 | | | |

| 潜在問題の原因分析 ●対処すべきリスクの原因は何ですか | 予防対策 ●不安なことを予防する対策はありますか、タスクに加えますか | 投入時間 | 発生時対策 ●不安なことが起こった場合、いつ、何をしますか | 投入時間 |
|---|---|---|---|---|
| 一度に職場から何人も抜けられない | 研修開催回数を2回増加して、現場の負担を軽くする | 14 | | |
| 仕事が忙しい | 不参加部門、不参加者を公表する | 1 | | |
| 上長が部下の研修参加に非協力的 | 研修目標・研修成果を上長に説明し出席を促進する | 3 | | |
| 本人が受講したいと思わない | 研修目標・研修成果を本人に説明し出席を促進する | 3 | | |
| 突発的な業務で急に参加できなくなる | | | 次回開催の研修でスケジューリングする | 2 |
| 突発的な業務で急に参加できなくなる | | | 規定回数を受講できなかった人を集めて研修会を行う | 7 |

の通りです。

なお、タスク設定シート記入例の全体図をまとめると図表 4-12

### 図表 4-12 タスク設定シートの記入例⑦（全体図）

| 状況分析 | | | 項目列挙 ／ 時間構造化 | |
|---|---|---|---|---|
| 問題意識記入 | 状況整理 | ゴール設定 | 優先順位 | ゴール達成のタスク | 投入時間 |
| ●気になること、もやもやした問題意識を書き出す | ●やらなければならないこと、やりたいことをリストアップする | ●やらなければならないこと、やりたいことの①目的、②目標、③実施時期を決める | ◎○△× | ●細かく分解してリストアップ | |
| 上長から「当社の主任クラスの成果創出力を向上させよ！」との指示を受けた | ■何が背景にあってこのような指示になったのか……背景・意図・求める水準を確認する　■現実はどうなっているのか……事実とギャップを確認する | | | | |
| | ■「成果創出力の向上」を実現する施策を策定し、施策ごとに、目的、目標、実施時期などを設定する | 研修会を企画する | | | |
| | | 「社内の主任クラス全員に2日間の問題解決研修を実施する」 | ◎ | 「社内の主任クラス全員に2日間の問題解決研修を実施する」 | (合計)12 |
| | | | | ☑内容を決める | 2 |
| | | | | ☑研修成果の目標を決める | 1 |
| | | | | ☑研修の方法を決める | 2 |
| | | | | ☑スケジュールを決める | 3 |
| | | | | ☑講師を決める | 1 |
| | | | | ☑研修室の手配をする | 1 |
| | | | | ☑備品の手配をする | 1 |
| | | | | ☑教材の手配をする | 1 |
| | | 研修会に出席させる | ◎ | 対象者全員を参加させる | (合計)39 |
| | | | | ☑研修案内を作成する | 2 |
| | | | | ☑各部に告知する | 1 |
| | | | | ☑申し込み受付をする | 1 |
| | | | | ☑受講者名簿を作成する | 1 |
| | | | | ☑全員受講するように調整する | 3 |
| | | | | ☑受講日ごとに受講者に事前案内を送る | 1 |
| | | | | ☑予防対策 | 21 |
| | | | | ☑発生時対策 | 9 |

のようになります。これを参考にタイム・イノベーション®・スキルのノウハウを習得してください。

| 潜在問題対処 / 時間構造化 | | | | | | | |
|---|---|---|---|---|---|---|---|
| タスクを妨げるリスク<br>●タスクを妨げるような不安なことがありますか | 発生可能性<br>3, 2, 1, 0 | 重大性<br>3, 2, 1, 0 | 潜在問題の原因分析<br>●対処すべきリスクの原因は何ですか | 予防対策<br>●不安なことを予防する対策はありますか、タスクに加えますか | 投入時間 | 発生時対策<br>●不安なことが起こった場合、いつ、何をしますか | 投入時間 |
| 対象者のうち何人かが受講しない | 3 | 3 | 一度に職場から何人も抜けられない | 研修開催回数を2回増加して、現場の負担を軽くする | 14 | | |
| | | | 仕事が忙しい | 不参加部門、不参加者を公表する | 1 | | |
| | | | 上長が部下の研修参加に非協力的 | 研修目標・研修成果を上長に説明し出席を促進する | 3 | | |
| | | | 本人が受講したいと思わない | 研修目標・研修成果を本人に説明し出席を促進する | 3 | | |
| | | | 突発的な業務で急に参加できなくなる | | | 次回開催の研修でスケジューリングする | 2 |
| | | | 突発的な業務で急に参加できなくなる | | | 規定回数を受講できなかった人を集めて研修会を行う | 7 |

# 6 タイム・イノベーション®のスキル5 ……順序構成

順序構成……列挙した項目を実行に移すときは、効率・効果を考えた順序の構成を行う必要がある。

## (1) 順序構成の方法

順序構成の方法は次の [1] から [3] に記載の要領で行います。

> [1] やるべき項目について以下のように仕訳をして、仕事を順序立てる単位にまとめ、順序構成する
>
> ①まとめて処理できること
> 　　　　・相手が同じ、・場所が同じ、・手段が似ている
>
> ②自分一人で集中して行った方がよいこと
> 　　　　・中断ロスが大きい仕事に特に注意する
>
> ③処理時間が短く、中断ロスが小さい事柄
> 　　　　・他の業務の中断要因にならないように順序構成に配慮する

　　　　⇒ストックして、A）隙間時間に行う
　　　　　　　　あるいは
　　　　　　　　B）まとめて行う

④相手の意向によって変動するもの
　　　・適切なタイミングで意向の確認を行う

⑤周囲との連携で行うもの
　　　・タイミングを合わせる

⑥緊急性と重要性を分析する
　　　・やるべき事柄の緊急性と重要性を評価する

⑦業務遂行上の効率的な順序と、伺い、報告、承認などを経て業務を行う必要があるときはそのタイミングも組み入れた、意思決定順序という2種類の順序がある。どちらの順序で行動すべきかを確認しておく。

---

［2］取り組み順序の決め方

①納期に注意する。
　　1）納期の決まっている仕事
　　　　・見通しのついていないことや難しいことは、できるだけ早めに着手する。

- 見通しのついていることは、納期の直前に仕上げてもいい。
2）納期が決まっていない仕事
- 重要なものは、まず納期・ゴールを決める（いつまでに、どのレベル）。
- 容易なものは、小さな空き時間や、仕事のペースを上げるために活用する。
3）嫌なこと、不得意なこと、気がかりなこと、困難と思われることは早めに着手する。
- このようなことほど、すぐに段取りを行う。
①状況分析、②項目列挙、③潜在問題対処、④時間構造化、⑤順序構成までの見通しを早く立てる

②アポイントを確認する
- 人との約束の「準備内容」も確認する。

③ペース配分とリズムを工夫する
- 自己の思考のリズム、メンタルのリズム、フィジカルのリズムを認識する。
- ビジネスのリズム（ピークオフなど）を考慮する。
- 思考と作業、インプットとアウトプット、適度な休憩などのバランスをとる。

［3］3つのタスク遂行の注意点

①達成目標に必要なMust（必ず達成すべきこと）とWant（できれば達成したいこと）を誤らないこと
 1）Must（必ず達成すべきこと）とWant（できれば達成したいこと）を書き出し明確にする・・・思い込みに振り回されないように注意

②タスク遂行においては、タスクの依存関係の判断を誤らないこと
 1）何が次のタスク開始の前提条件なのかを書き出し明確にする
  ・自分の関心事あるいは苦手意識のバイアスに注意する
 2）タスク遂行の順序だけでなく、意思決定順序や報告のタイミングも考慮する
  ・意思決定順序や報告のタイミングを考慮し、そのアポイントメントをとってみると、タスク遂行の順序だけのスケジュールとは異なることが多い。

③プロジェクト・マネジメントのクリティカルパスの考え方を取り入れ、タスクを分析する。

## （2）プロジェクト・マネジメントの場合のポイント

　プロジェクト・マネジメントの場合には、限られた期間で、通常組織とは異なるメンバー構成で、期待される成果を上げしなければなりません。

　そこでクリティカルパスを意識し、納期を管理することが重要になります。

　クリティカルパスは、プロジェクトの納期に影響を与えるプロジェクトのタスクのつながり（経路）です。それを見つけ出す方法としてクリティカルパス法というものがあります。これは、スケジュール上で最も柔軟性の低い活動の経路を解析することで、プロジェクトの所要時間を予測するために用いられます。その説明をしておきましょう。

　スケジュール上の余裕期間をフロート（Float）と呼びますが、クリティカルパスにはフロートは存在しません。クリティカルパス上の作業の遅れは、プロジェクト完了の遅れにつながることになります。そのためプロジェクトの進捗管理では、クリティカルパス上の作業を重点的にモニターすることになるのです。

　また、プロジェクトの完了を早める必要がある場合には、クリティカルパス上の作業を組み直したり、要員の増加や外注の活用などを検討したりすることになります。

# （3）クリティカルパス法

## 【1】タスク図の書き方

プロジェクトにおけるスケジュールとして、プロジェクト・ネットワーク・ダイアグラムがある。
プロジェクト・ネットワーク・ダイアグラムに記載するタスク図の書き方は以下の通り。

| 最早開始 | 最早終了 |
|---|---|
| 作業No. ||
| 所要時間 | フロート |
| 最遅開始 | 最遅終了 |

プロジェクトのスケジュールはプロジェクトにおけるWBSの全てのタスクをリストアップし、順序関係を定め、ネットワークに表したスケジュールにする。（図表4-13参照）

## 【2】最初のタスクの最早開始日と最早終了日を計算する

| 最早開始<br>0 | 最早終了<br>5.0 |
|---|---|
| 作業No. | A-1 |
| 所要時間<br>5.0 | フロート |
| 最遅開始 | 最遅終了 |

## 【3】クリティカルパス法　往路分析

タスクの依存関係（着手すべき順序）に従って、後続のタスクの最早開始日と最早終了日を順に求める。

あるタスクに先行するタスクが1つだけ存在するときは、先行タスクの終了日をそのタスクの最速開始日とする。

先行タスクが複数存在するときは、先行タスクの中で最も遅い終了日をそのタスクの最速開始日とする。

**図表 4-13　クリティカルパス法〜往路分析〜**

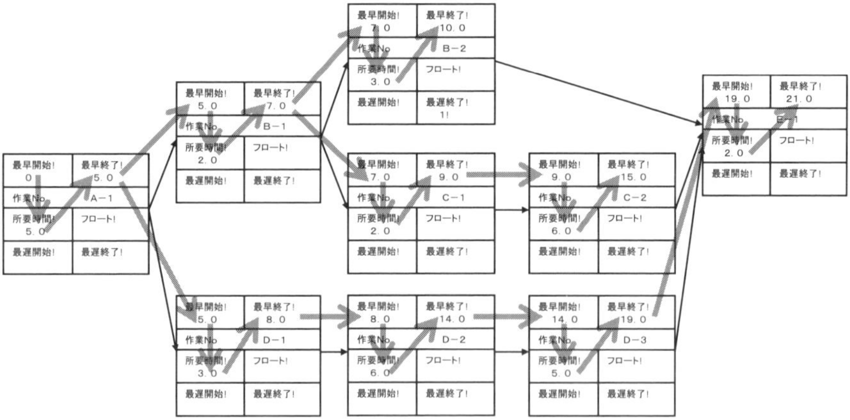

## 【4】クリティカルパス法　復路分析

往路分析で、最後のタスクまで到達したらそこから逆に、最遅終了日・最遅開始日を順に求める。

**図表 4-14　クリティカルパス法〜復路分析〜**

| 最早開始! | 最早終了! |
|---|---|
| 7.0 | 10.0 |
| 作業No | B-2 |
| 所要時間! | フロート! |
| 3.0 | |
| 最遅開始! | 最遅終了! |
| 13.0 | 19.0 |

| 最早開始! | 最早終了! |
|---|---|
| 5.0 | 7.0 |
| 作業No | B-1 |
| 所要時間! | フロート! |
| 2.0 | |
| 最遅開始! | 最遅終了! |
| 9.0 | 11.0 |

| 最早開始! | 最早終了! |
|---|---|
| 0 | 5.0 |
| 作業No | A-1 |
| 所要時間! | フロート! |
| 5.0 | |
| 最遅開始! | 最遅終了! |
| 0 | 5.0 |

| 最早開始! | 最早終了! |
|---|---|
| 7.0 | 9.0 |
| 作業No | C-1 |
| 所要時間! | フロート! |
| 2.0 | |
| 最遅開始! | 最遅終了! |
| 11.0 | 13.0 |

| 最早開始! | 最早終了! |
|---|---|
| 9.0 | 15.0 |
| 作業No | C-2 |
| 所要時間! | フロート! |
| 6.0 | |
| 最遅開始! | 最遅終了! |
| 13.0 | 19.0 |

| 最早開始! | 最早終了! |
|---|---|
| 19.0 | 21.0 |
| 作業No | E-1 |
| 所要時間! | フロート! |
| 2.0 | |
| 最遅開始! | 最遅終了! |
| 19.0 | 21.0 |

| 最早開始! | 最早終了! |
|---|---|
| 5.0 | 8.0 |
| 作業No | D-1 |
| 所要時間! | フロート! |
| 3.0 | |
| 最遅開始! | 最遅終了! |
| 5.0 | 8.0 |

| 最早開始! | 最早終了! |
|---|---|
| 8.0 | 14.0 |
| 作業No | D-2 |
| 所要時間! | フロート! |
| 6.0 | |
| 最遅開始! | 最遅終了! |
| 8.0 | 14.0 |

| 最早開始! | 最早終了! |
|---|---|
| 14.0 | 19.0 |
| 作業No | D-3 |
| 所要時間! | フロート! |
| 5.0 | |
| 最遅開始! | 最遅終了! |
| 14.0 | 19.0 |

## 【5】クリティカルパス法 フロート（余裕期間）分析 1

最早開始日＝最遅開始日の経路をたどって、フロートが 0 のスケジュールを結び、クリティカルパスを特定する。

### 図表 4-15　クリティカルパス法～フロート（余裕期間）分析 1

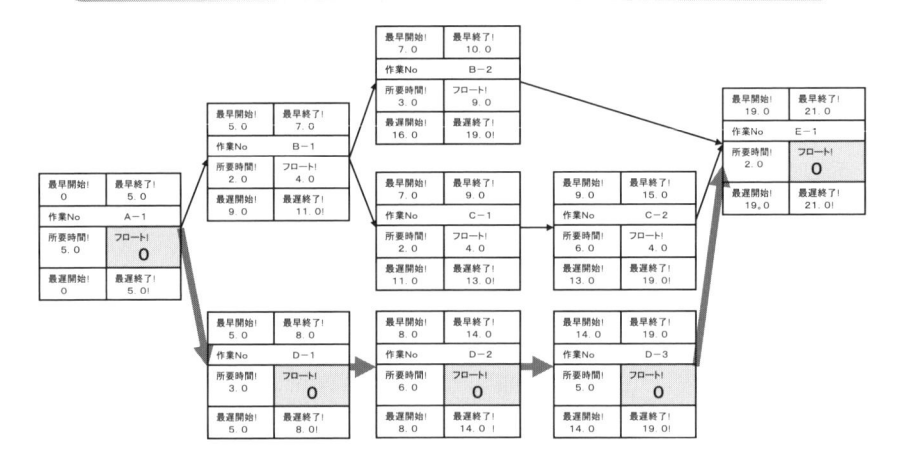

| 最早開始! | 最早終了! |
|---|---|
| 7.0 | 10.0 |
| 作業No | B－2 |
| 所要時間! | フロート! |
| 3.0 | 9.0 |
| 最遅開始! | 最遅終了! |
| 16.0 | 19.0! |

| 最早開始! | 最早終了! |
|---|---|
| 5.0 | 7.0 |
| 作業No | B－1 |
| 所要時間! | フロート! |
| 2.0 | 4.0 |
| 最遅開始! | 最遅終了! |
| 9.0 | 11.0! |

| 最早開始! | 最早終了! |
|---|---|
| 0 | 5.0 |
| 作業No | A－1 |
| 所要時間! | フロート! |
| 5.0 | 0 |
| 最遅開始! | 最遅終了! |
| 0 | 5.0! |

| 最早開始! | 最早終了! |
|---|---|
| 7.0 | 9.0 |
| 作業No | C－1 |
| 所要時間! | フロート! |
| 2.0 | 4.0 |
| 最遅開始! | 最遅終了! |
| 11.0 | 13.0! |

| 最早開始! | 最早終了! |
|---|---|
| 9.0 | 15.0 |
| 作業No | C－2 |
| 所要時間! | フロート! |
| 6.0 | 4.0 |
| 最遅開始! | 最遅終了! |
| 13.0 | 19.0! |

| 最早開始! | 最早終了! |
|---|---|
| 19.0 | 21.0 |
| 作業No | E－1 |
| 所要時間! | フロート! |
| 2.0 | 0 |
| 最遅開始! | 最遅終了! |
| 19.0 | 21.0! |

| 最早開始! | 最早終了! |
|---|---|
| 5.0 | 8.0 |
| 作業No | D－1 |
| 所要時間! | フロート! |
| 3.0 | 0 |
| 最遅開始! | 最遅終了! |
| 5.0 | 8.0! |

| 最早開始! | 最早終了! |
|---|---|
| 8.0 | 14.0 |
| 作業No | D－2 |
| 所要時間! | フロート! |
| 6.0 | 0 |
| 最遅開始! | 最遅終了! |
| 8.0 | 14.0! |

| 最早開始! | 最早終了! |
|---|---|
| 14.0 | 19.0 |
| 作業No | D－3 |
| 所要時間! | フロート! |
| 5.0 | 0 |
| 最遅開始! | 最遅終了! |
| 14.0 | 19.0! |

## 【6】クリティカルパス法 フロート（余裕期間）分析2

最早開始日＝最遅開始日の経路をたどって、フロート0のスケジュールを結ぶ。クリティカルパスを特定する。

プロジェクト全体の納期を守るには、クリティカルパスにあるタスクの遅れが出ないように管理する。

### 図表4-16　クリティカルパス法〜フロート（余裕期間）分析2

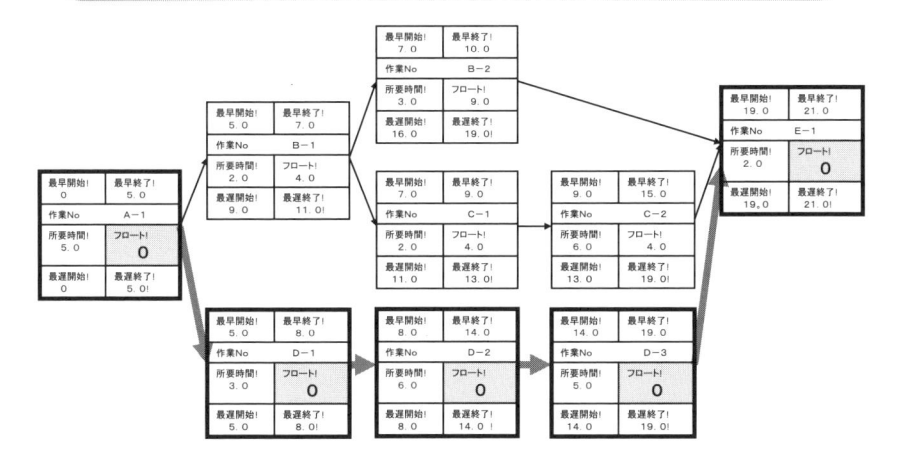

| 最早開始! | 最早終了! |
|---|---|
| 0 | 5.0 |
| 作業No | A-1 |
| 所要時間! | フロート! |
| 5.0 | 0 |
| 最遅開始! | 最遅終了! |
| 0 | 5.0 |

| 最早開始! | 最早終了! |
|---|---|
| 5.0 | 7.0 |
| 作業No | B-1 |
| 所要時間! | フロート! |
| 2.0 | 4.0 |
| 最遅開始! | 最遅終了! |
| 9.0 | 11.0! |

| 最早開始! | 最早終了! |
|---|---|
| 7.0 | 10.0 |
| 作業No | B-2 |
| 所要時間! | フロート! |
| 3.0 | 9.0 |
| 最遅開始! | 最遅終了! |
| 16.0 | 19.0! |

| 最早開始! | 最早終了! |
|---|---|
| 7.0 | 9.0 |
| 作業No | C-1 |
| 所要時間! | フロート! |
| 2.0 | 4.0 |
| 最遅開始! | 最遅終了! |
| 11.0 | 13.0! |

| 最早開始! | 最早終了! |
|---|---|
| 9.0 | 15.0 |
| 作業No | C-2 |
| 所要時間! | フロート! |
| 6.0 | 4.0 |
| 最遅開始! | 最遅終了! |
| 13.0 | 19.0! |

| 最早開始! | 最早終了! |
|---|---|
| 19.0 | 21.0 |
| 作業No | E-1 |
| 所要時間! | フロート! |
| 2.0 | 0 |
| 最遅開始! | 最遅終了! |
| 19.0 | 21.0! |

| 最早開始! | 最早終了! |
|---|---|
| 5.0 | 8.0 |
| 作業No | D-1 |
| 所要時間! | フロート! |
| 3.0 | 0 |
| 最遅開始! | 最遅終了! |
| 5.0 | 8.0! |

| 最早開始! | 最早終了! |
|---|---|
| 8.0 | 14.0 |
| 作業No | D-2 |
| 所要時間! | フロート! |
| 6.0 | 0 |
| 最遅開始! | 最遅終了! |
| 8.0 | 14.0! |

| 最早開始! | 最早終了! |
|---|---|
| 14.0 | 19.0 |
| 作業No | D-3 |
| 所要時間! | フロート! |
| 5.0 | 0 |
| 最遅開始! | 最遅終了! |
| 14.0 | 19.0! |

## (4) 週間行動計画表

　状況を分析し、目標を明確にし、やるべき項目を列挙し、WBSによって作業レベルでやるべきことを列挙してきました。しかも、潜在問題を分析し、その対策まで織り込んで作業レベルでやるべきことを明確にしてきたわけです。そして、時間の考え方の基本に基づき成果に見合った時間を設定しました。

　では、どのような順序で行うべきでしょうか。人間は、とかく自分が気になることに手をつけたくなるものです。また、自分が得意なこと、好きなことには必要以上に時間をかけてしまうものです。

　しかし、よくよく考えてみると「あのときにもっと他のことに着手していたら、あとあともっとスムーズに事が運んだのに……」と振り返ることはありませんか。そのような後悔がないようにするツールととして「週間行動計画表」（図表4-17）を紹介します。

　これから先の時間を何にどれだけ投入するかを決定する、週間行動計画表というツールとその活用方法です。なお、206ページに記入シートがあります。

## (5) 週間行動計画表の活用方法

　時間価値を高めるために、ぜひ活用していただきたいのが週間行動計画表です。よく、計画通りに事が運ばないから計画を立てないという人がいます。しかし、この週間行動計画表は、やるべきことを達成するために、刻々と変わる状況に対応し、これから先何にどれだけの時間資源を投入すべきかの最適判断をするためのものです。ですから計画欄は、状況が変われば書き直していきます。時間がなければ行動はできません。やることといつ、どれだけ時間をかけるか決めるための行動計画表です。時間資源の量を見える化し把握し、１週間単位で成果を創出することをねらいにしています。

　週間行動計画表は、タスク設定シートとともに活用します。

　基本的な活用方法は、先に活用していただいた「時間の使い方のセルフチェック・シート（自分自身のケーススタディ）１日用」と基本は一緒です。

　仕事中はもちろんのこと、プライベートでもタイム・イノベーション®を起こしたいならば、プライベートでも、傍らに置き、事あるごとに以下のことを記入していきます。これは、今から先の時間を何に使うのかを意思決定するツールであり、今よりも前については実際の時間の使い方や何があったかを書き留めるものです。それでは、週間行動計画表の書き方を説明します。

　①タスク設定シートを使い、次の１週間あるいは数週間先のタスクを設定します。

## 図表 4-17　週間行動計画表

| 年　　　月 | / (月) | | / (火) | | / (水) | |
|---|---|---|---|---|---|---|
| | スケジュール | アクチャル | スケジュール | アクチャル | スケジュール | アクチャル |
| 0 | | | | | | |
| 1 | | | | | | |
| 2 | | | | | | |
| 3 | | | | | | |
| 4 | | | | | | |
| 5 | | | | | | |
| 6 | | | | | | |
| 7 | | | | | | |
| 8 | | | | | | |
| 9 | | | | | | |
| 10 | | | | | | |
| 11 | | | | | | |
| 12 | | | | | | |
| 13 | | | | | | |
| 14 | | | | | | |
| 15 | | | | | | |
| 16 | | | | | | |
| 17 | | | | | | |
| 18 | | | | | | |
| 19 | | | | | | |

## ●第4章 タイム・イノベーション® の8つのスキル

| / (木) | | / (金) | | / (土) | | / (日) | | |
|---|---|---|---|---|---|---|---|---|
| スケジュール | アクチャル | スケジュール | アクチャル | スケジュール | アクチャル | スケジュール | アクチャル | |
| | | | | | | | | 0 |
| | | | | | | | | 1 |
| | | | | | | | | 2 |
| | | | | | | | | 3 |
| | | | | | | | | 4 |
| | | | | | | | | 5 |
| | | | | | | | | 6 |
| | | | | | | | | 7 |
| | | | | | | | | 8 |
| | | | | | | | | 9 |
| | | | | | | | | 10 |
| | | | | | | | | 11 |
| | | | | | | | | 12 |
| | | | | | | | | 13 |
| | | | | | | | | 14 |
| | | | | | | | | 15 |
| | | | | | | | | 16 |
| | | | | | | | | 17 |
| | | | | | | | | 18 |
| | | | | | | | | 19 |

②タスク設定シートに書き込まれた項目の中で、この1週間で取り組むべきこととそれにかかる時間数を週間行動計画表の左端に書き込んでいきます。また、行動中にやるべき項目が追加されたときは、それもこの欄に書き込んでおきます。

この、タスク設定シートと週間行動計画表の関係は次の図表4-18の通りです。

**図表4-18　タスク設定シートと週間行動計画表の関係**

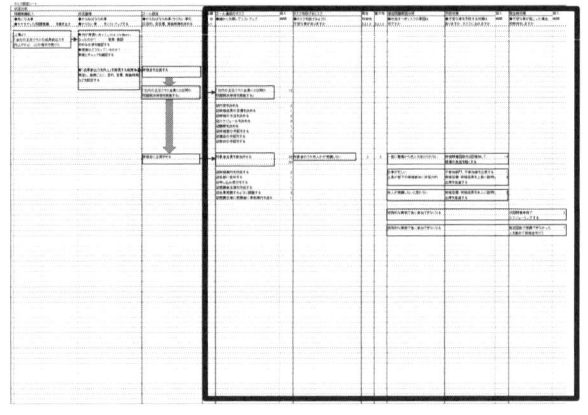

タスク設定シート

タスク設定シートに書き込まれた全タスクの中で、この1週間で取り組むべきこととそれにかかる時間数を週間行動計画表の左端に書き込む。

週間行動計画表

③1日のスケジュールをスケジュール欄に、シャープペンシルや鉛筆など後で消すことができる筆記具で書きます。重要なことは、スケジュール通りにその日1日を過ごすことより、刻々と変化する状況の中で、今から先の時間を何に費やすべきかを考えて、最適な時間の活用を行うことです。自分の時間資源を、これから何に投入すべきかを常に考えるのです。時間資源の最適投入を考えるためのツールなのです。ですから今から先の時間の予定（計画時間と予定時間）を変更しようと思ったら、これから先の分を消して書き直してください。図表4-19の記入例の通り、スケジュール欄にはいつからいつまで何を行うのかを、開始時刻から終了時刻までの間の時間に線を引いて、四角く囲んでください。何にどれだけの時間を、これから使うのかが一目でわかるようにします。

④計画では、アポイントメントの予定など、相手と約束がある予定時間を全て記入します。

⑤次に、週間行動計画表の左端に書き込んでいるタスクを、納期、優先順位、業務遂行上の効率的な順序／意思決定順序をはじめとしたタイム・イノベーション®・スキルを活用して、いつからいつまで何をするかという予定を書き込みます。スケジュール欄に、シャープペンシルや鉛筆など後で消すことができる筆記具で書きます。重要なことは、スケジュール通りにその日1日を過ごすことより、刻々と変化する状況の中で、今から先の

図表4-19 週間行動計画表の記入例

週間活動計画

| 週間活動計画 | 年 月 | (月) / | | (火) / | | (水) / |
|---|---|---|---|---|---|---|
| | | スケジュール | アクチャル | スケジュール | アクチャル | スケジュール アクチャル |
| 今週の主なテーマ：クラス全員に2日間の<br>問題解決研修を実施する。<br>②内容を決める<br>研修方針、研修概要案作成<br>部内研修方針、研修案速読ミーティング | 0 | | | | | |
| 研修内容企画<br>乙講師を決める<br>講師依頼 | 1 | | | | | |
| 受講生募集<br>②研修成果の目標を決める | 2 | | | | | |
| ②研修の方法を決める<br>②スケジュールを決める<br>②講師を決める | 3 | | | | | |
| □□研修会社□□氏との打合せ | 1 | | | | | |
| 中期経営計画策定方針、策定方法会議資料作成<br>課長と最終確認 | 3<br>1 | | | | | |
| 受注あり気味修正・資料準備・会場設定<br>中期経営計画策定方針、策定方法会議 | 3 | | | | | |
| △△社へ訪問△△工場製造ライン視察<br>移動所用時間 | 1.5<br>2 | | | | | |
| | | | | | | 中期経営計画策定方針、<br>策定方法会議資料作成<br>中期経営計画策定方針、<br>策定方法会議資料作成 |

●第4章 タイム・イノベーション®の8つのスキル

□□様会社
□□氏/来社
要応接室

|  |  |
|---|---|
| 9: | 訪問時の質問事項<br>まとめ、提案確認<br>課長指示確認<br>各部議事録送信 |
| 10: | 課長と最終確認 |
| 11: | 移動<br>△△社訪問<br>△△工場<br>製造ライン視察<br>各部の立場のSWOT<br>過去3年の推移追加<br>STP分析を依頼 |
| 12: | 移動 |
| 13: | 資料準備・会場設置 |
| 14: | 中期経営計画策定方針<br>測定方法会議<br>メール確認、応答<br>中期経営計画策定方針<br>測定方法で了解<br>各部にて了解<br>過去3年の推移追加<br>各部の立場のSWOT<br>次回O/Oに進捗<br>会議実施 |
| 15: | 第1会議室 |
| 16: | 主任クラス<br>問題解決研修<br>研修方針<br>研修重要案作成 |
| 17: | 会場片づけ<br>会場片づけ |
| 18: | 議事録作成<br>議事録作成<br>課長からの指示に従い<br>各部に送信すること |
| 19: | |

159

時間を何に費やすべきかを考えて、最適な時間の活用を行うことです。自分の時間資源を、これから何に投入すべきかを常に考えるのです。ですから今から先の時間の予定（計画時間と予定時間）を変更しようと思ったら、これから先の分を消して書き直してください。図表4-19の記入例の通り、スケジュール欄にはいつからいつまで何を行うのかを、開始時刻から終了時刻とその間の時間に線を引いて、四角く囲んでください。何にどれだけの時間を、これから使うのかが一目でわかるようにします。

⑥それと同時に、仕事に一区切りついたタイミングや、今から先の時間の予定（計画時間と予定時間）を変更しようというタイミングでそれまでのかけた時間と行ったことを書きます。

記入例の通り、アクチャル欄にはいつからいつまで何を行ったのかを、開始時刻から終了時刻とその間の時間に線を引いて、四角く囲んでください。何にどれだけの時間を、これまで使ったかが一目でわかるようにします。

⑦１日を終えるタイミングで必ず振り返りを行い、自分の時間の使い方を分析し、改善点を明らかにします。

時間に対する意識と、時間感覚を研ぎ澄ましていくことが重要です。まず２週間続けて、その後は習慣化していってください。

# 7 タイム・イノベーション®のスキル6 ……コミュニケーション対応

## (1) コミュニケーションの重要性

　仕事において成果を上げるためには、コミュニケーションをうまく行うことが必須です。相手から貴重な情報を得るのも、討議によって有効な方策を導き出すのも、方向付けを行い相手を動機づけすることで仕事の効率を上げるのも、全て原点はコミュニケーションです。

　特に、相手の話を聴く、相手の状況を理解する、相手の存在を認知していることを伝える、相手が理解できるように話しを組み立てる、集団で成果を出すなどのためのコミュニケーションを意識することが重要です。

## (2) 相手の立場になって話を聴く

　ついつい相手の話を聴きながら、先回りしてどのように反応すべきかと考え始めたり、話を聞くより次は何を話そうかなどと考える方に意識を向けたりしてしまいがちです。相手から貴重な情報を得るのも、討議によって有効な方策を導き出すのも、方向づけを行い相手を動機づけすることで仕事の効率を上げる、相手の状況を理解

する、相手の存在を認知していることを伝える、などは全て相手の話を聴くことが基本です。

相手の話を聴き、「その話の内容は、面白い」とか「つまらない」とか、また「そんなことを話題にして」とか、「賛成」とか「反対」などとすぐに評価していませんか。このような聴き方では、相手の真意を理解するにも、相手との心理的な距離を縮めるにも時間がかかります。時間がかかる上に、成果が期待できない可能性も非常に高いでしょう。

ポイントは、相手の話を評価せずに、相手の立場になって理解しようとすることです。この聴き方がコミュニケーションの基本です。相手の言わんとすることを、評価したり、割り引いて聴くのではなく、とにかく理解しようとすることで、相手も自分の存在を認知されたと感じるものです。

## (3) 相手の存在を認知していることを伝える

聴くことで相手の存在を認知すると同時に、相手が望む言葉をかけることで、相手の存在を認知していることを積極的に伝えましょう。これは、相手との心理的な距離を縮めるためにも有効です。方向づけを行い相手を動機づけするには日頃から心理的な距離を縮め、お互いを理解し合える関係を築いておくことが肝心です。

相手の存在を認知していることを伝えるのは、言葉だけが全てではありません。相手を見て話を聴く、うなずくなどをはじめ、表情、態度、行動の全てで相手の存在を認知していることを伝えます。こ

のような言葉以外の非言語的コミュニケーションをノンバーバルコミュニケーションとも言います。言語的（バーバル）コミュニケーションと非言語的（ノンバーバル）コミュニケーションの両方で相手の存在を認知していることを伝えることでコミュニケーションがよくなり、良好な人間関係を構築することにつながっていきます。

## （4）討議効率を上げる

　会議の場面で成果を上げるには、「討議効率」ということを意識する必要があります。コミュニケーションの実習などで、討議効率を測定することがあるのをご存じでしょうか。同じ課題で、同じ時間をかけても、メンバーの討議の仕方で結果にはかなりの差が出ます。

　討議効率を上げるポイントは、メンバーがもっている経験・知識・知恵などのリソース（資源）を有効に活用できるか否かということです。多数意見や有力な発言ばかりに注目するのではなく、「誰もがリソースをもっている。それを引き出し、活用してこそ討議効率が上がるのだ」ということを肝に銘じて討議を行ってください。

　往々にして、発言が少ない人が有効な情報や意見をもっていたり、少数意見の方が実は有効な意見だったりするものです。それを逃さないためには、「聴く」ことと「相手の存在を認知していることを伝える」ことがまず必要です。

　また、自分の思い込みで討議をリードして少数意見を封じ込めてしまった場合にも討議効率は下がります。「相手の立場になって話

を聴く」「相手の存在を認知していることを伝える」という行動が、思い込みによるミスリードを防ぐことにつながります。

## (5) 会議の成果を高める

　会議の成果を高めるには、まず会議の目的を明確にすることが必要です。次に、その目的を実現するためには会議を行うのが最も効果的なのか、他によい方法がないのかを考えます。会議を行うということは、出席する人たち全ての会議時間分の人件費がかかっていることを意識して、会議による成果によって人件費というコストを回収できるのかを考えてください。

　このような考え方で、会議が必要か、他の方法がよいか、会議の成果をどのように設定するか、出席者をどうするかを検討します。

　検討の結果、会議を行うことになったら、会議の目的と以下の7項目の整合性を評価し、必要があれば改善を図っておきます。

　①参加者と役割
　②会議を行う場所、環境、機材
　③事前あるいは会議中に配布する資料
　④出席者各自への事前準備の案内
　⑤到達目標と成果物
　⑥会議の進め方と時間配分
　⑦会議を進める上での決め事

　会議は事前準備が重要です。また、会議の効率と成果を上げるためにも、出席者各自への事前準備は緻密に計画し、時間的な余裕を

もって案内をする必要があります。

　そして会議は、言葉だけが行き交うのではなく、会議進行中に意見を書き留め、会議の進行と内容を出席者が共有できるようにしていく工夫が必要です。

　さらに会議により何が決まったのか、成果は何か、会議後に出席者は何をすべきかを明確にして会議を終了することで会議の成果を高めていきたいものです。

## （6）心理ゲーム（心理的ゲーム）を回避する

　第2章で取り組んでいただきましたケーススタディに次のような場面がありました。

### 18：00

　坂田さんが課長の席に行き、「今ちょっとお話ししたいことがあります。」と相談をもちかけ、2人で会議室に入って行きました。1時間ほどやり取りが続きましたが、内容は堂々巡りです。かいつまんでみると次のようなやり取りでした。

坂田：「課長、あの仕事やっぱりやっておきました」
課長：「あれは、今やらなくてもいい仕事でしょう」
坂田：「でも、どうせやらなければならないことなので」
課長：「今日はもっと優先度の高いことをやらなければ。締め切りが迫っているんだから。よし手伝うよ。何をやればいい？」
坂田：「でも大丈夫です。今日もまた徹夜です」

課長:「だから、何か手伝うことは？」
坂田:「何もありませんよ。今日も寝ないで頑張ります」
課長:「じゃあ、タクシーで帰るか、ホテルに泊まるかして、体の負担を軽くして」
坂田:「家庭の事情があるので、泊まることはできません。どうせ、今日も遅くなるのですから、仕事を放棄してしまうのも1つの手ですよね」

　いつも決まってこんなやり取りがあり、課長が仕事への取り組み姿勢や態度などについて改めるべきところを指導したり、今日一日の行動の振り返りを促します。坂田さんは、自分だけ何でこんなに仕事量が多いのかと感情的になります。そして、今日のやり終えるべき仕事以外のことも、どうせやらなければならなくなるのだから同時にやっておかないとかえって効率が悪いと反論し、なかなか課長の話を受け入れようとはしません。

　坂田さんのことを思い、指導をしていたはずの課長も、全くその指導を受け入れない坂田さんの態度については我慢しきれず、途中から叱り飛ばすようになり、お互いに「あなたが悪い」などと言い争いになってしまうのでした。

　坂田さんの場合、毎月の締め日には、なぜかこのような議論が1時間ほど繰り返され、課長に「じゃあ、他の人か、あるいは自分がその仕事をやるから、今すぐ引き継ぎをしよう」と言われると「大丈夫ですよ、私がやりますから」と言って自分の席に戻り、黙々と仕事を始めるのでした。課長はそのたびに、「またこれか」と嫌な思いを抱くのでした。

ケースのような会話が1度だけでなく、何度も繰り返され、そして結末として、「またいつもと同じ、嫌な感じを味あわされた。あの人と話をするといつもこういうことになるから、話をするのが嫌だったのだけれど……」とか「ああ、またやってしまった。もうやらないようにと思っていたのに！」などと言わざるを得ないことが、家庭や職場の中でもよく起こります。これが、「心理ゲーム」と言われるものです（「心理的ゲーム」とも言います）。

　ケースでも、「課長はそのたびに、『またこれか』と嫌な思いを抱くのでした。」と、何度となく繰り返され、そして結末として、「またいつもと同じ、嫌な感じを味わされた」という悪感情が残っていることがわかります。

　心理ゲームの場合、仕掛けた方は、最初から心理ゲームを行おうとしていたわけではなく、無意識のうちに仕掛けていることも多いのです。ですから、余計にわかりづらく、いつの間にか複数人で心理ゲームを行ってしまい、悪感情が残る結末を迎え、終了します。「仕掛ける人」と「乗せられる人」がいて、「やり取り」が始まり、いつの間にか「会話のトリックやワナ」が仕掛けられ、言い合いになるなどの「混乱」が起こり、不快感や後味の悪い感じが残る「結末」を迎えるという一連の流れがあります。

　また、2人以上のやり取りで、いつの間にか「迫害者」「犠牲者」「救援者」のいずれかの役割を演じていて、必要以上に過度な役割を果たしていたり、あるいは途中でその役割が交代しているときは心理ゲームを行っているときだと言われています。心理ゲームは、ケースにあるように、何かを解決しようという方向には向かいません。

生産性のない会話なのです。

　ケースでは、坂田さんが「仕掛ける人」で、課長が「乗せられる人」でした。そして言い合いに発展し、混乱が起こっています。

　坂田さんははじめの方では「今日もまた徹夜です」と犠牲者を演じていました。そのとき課長は、救援者として「だから何か手伝うことは？」と声をかけて、手を差し伸べています。

　しかし、坂田さんは「仕事放棄」をちらつかせて迫害者になります。もともと坂田さんが指示を聞かずに勝手なことをしたあげく本来行うべき仕事の達成が難しくなったのですが、課長はそれでも何とかしてあげようと手を差し伸べているのに、その提案をことごとく拒否されてしまいます。そして、救援者として何とかしてやろうとしているのになぜか犠牲者になってしまい「一体どうすりゃいいのか？」という思いが爆発し、叱り飛ばしてしまいます。救援者から一変し、犠牲者、そして迫害者になりました。そして「混乱」が起こり、お互いに言い合いになり、その後後味の悪い「結末」を迎えます。このようなことがケースでは毎月行われているとのことでした。繰り返しこのようなことが行われるのが心理ゲームなのです。

　ですから、自ら心理ゲームを仕掛けないのはもちろんのことですが、心理ゲームを仕掛けられたときには、その場から離れるか、あるいは心理ゲームを成立させる「迫害者」「犠牲者」「救援者」のいずれかの役割を演じないようにすることで心理ゲームを中止させるようにして、回避してください。

# ⑧ タイム・イノベーション®のスキル7
……実行管理

## (1) 実行管理

　想定する成果を確実に創出するために、現在遂行している業務を着実にチェックし、適時調整や必要な手段を講じることを実行管理と言います。

## (2) 管理職やリーダーに求められる実行管理スキル

　管理職やリーダーに求められる実行管理スキルとしては次のことがあげられます。
　メンバーの活動を注意深く観察し、目的や活動方針から逸脱しそうになったときや、期待する成果創出が危ぶまれる兆候が見えたときには軌道修正を図っていくスキルで、ポイントは、次の3点です。

---

①現在遂行している業務活動のチェックを行う。
②目標達成の実現のために集団の活動を統制する。
③目的や活動方針から逸脱しそうになったときには軌道を修正する。

---

①については、集団活動の実行計画に、業務活動のチェックとして有効な、観察項目、観察時期、そのときの評価基準をあらかじめ設定しておきます。業務活動の成果に関係する活動は何であるかを念入りに考えて特定し、観察項目、観察時期、そのときの評価基準を設定します。その主旨と内容を、実際に活動するメンバーと共有しておくことで、メンバー自身も成果を上げるために何に注力すればいいかがわかり、自己統制が図られることも期待できます。

②については、グループのメンバーに成果の水準や方向性、制約条件などを具体的に示し、逸脱しそうな活動がないかを注意深く観察します。逸脱しそうなときは問題の原因を究明し、調整を的確に行えるように準備し、実行に移します。自分が直接行うことができないときは、他者を通じて実行することになりますので、成果の水準や方向性、制約条件の周知徹底と役割分担の明確化が重要です。

③については、リスクの発生可能性をリストアップし、予防対策と発生時対策を立てておくことが重要です。それと、状況変化はつきものです。状況が変わったら、素早く当初の基準や計画を状況に合わせて修正していく必要があります。状況変化の可能性も考慮し、可能性が高いことについては、変化が起こったときの対応時間も想定しておきます。やることが明確であったり、やらなければならないと思っていても、それを行う時間がなければどうしようもありません。やることと、それを行う時間の両方を用意しておかなければなりません。

## （3）セルフマネジメントとしての実行管理スキル

　望ましい自分になるため、自分にとって価値ある人生を送るためにやるべきこととして重要なことはいろいろあると思います。考え方の工夫により、過ぎ去っていく時間をためておく方法を使うのも、望ましい自分になるため、自分にとって価値ある人生を送るためです。しかし、これも何度か書きましたが、人間は往々にして緊急性のワナにはまりがちです。ついつい緊急性のあることに時間を使ってしまいます。さらに言うと緊急にそのような用件を持ちこんでくるのは、自分自身よりは他人の方が多いのではないでしょうか。

　このようなことを冷静に分析するとどうなりますか。自分にとって大切な自分との約束があるにもかかわらず、そのための時間が、急を要すると言って持ち込まれた他人からの用件のために使われてしまっていることになります。緊急ではないが重要な自分との約束は、優先順位が高くなければならないはずです。のんびり構えていて、そのための時間を確保しないでいると、いつまでたっても着手できません。やることを実際に行う時間を設定しないと行動は起きません。

　一方、望ましい自分になるため、自分にとって価値ある人生を送るための計画というのは壮大なもので、スパンとしても長いものになるでしょう。そうすると目標が大き過ぎて、しかもかける時間も長過ぎて、緊急性があまり感じられません。また実行に移しても、大きな目標に対して達成できたことがあまりにも小さく見え、モチベーションが上がらないなどということにもなりかねません。

この壮大な目標に向けての計画を日々こつこつとこなし、ついには長い道のりのゴールにたどり着くには、自分の計画を細分化し、短いスパンごとの達成目標を明らかにしておくような工夫が必要です。短いスパンの小さな成功の積み重ねの結果が、長い道のりの先にある大きな目標の達成になるようにします。そして、小さな成功体験の積み重ねで、自分を動機づけていくのです。次の「タイム・イノベーション®のスキル8……習慣化」の「目標による管理を習慣化する方法」でも、これまで説明したことを実現させ、最終的な成功にまで導く方法を書いておきます。

　仕事の納期を守るなどの他者と連携して共通の目標の達成に向かっているときには、自分のやるべきことを納期に間に合わせるために、連携する他人の力を借りるのも1つの方法です。行うべき事柄や達成すべき事柄が最終納期までに間に合うように、その途中途中で、進捗度報告や中間報告のアポイントをとることで予定時間を確保しておきます。特に上司などとの約束ならば、自分に自分でプレッシャーをかけ、上司の力を利用して自分の仕事の進捗管理ができ、最終的な納期に間に合わせるということにもなります。

## ⑨ タイム・イノベーション® のスキル8 ……習慣化

### （1）行動習慣を身につける前の心の状態の習慣化から始めよう

　ものの受け取り方や考え方によって、あることを行うことへの苦手意識を抱いていたり、なかなか理想的な行動をとれなかったりすることがあります。こういう場合には、考え方のバランスをとり、ストレスに上手に対応できるこころの状態をつくることも重要です。これこそ、習慣化の第一歩だと考えます。行動習慣を身につける前の心の状態の習慣化から始めようというのはこのような意味によるものです。

　例えば、前述した「ドライバーによる駆り立てられる衝動の影響を受けないように、必要なときに自分にパーミッションを与えたり、自分の自我の機能で必要なことを高めたりすること」で、行動習慣を身につけるための心の状態をまず整えようとするのです。

### （2）自分に必要な自我の機能を高める習慣のヒント

　なりたい自分になり、また、なりたい自分になるための行動習慣を身につけるためにも、自分に必要な自我の機能を高める例を挙げ

てみます。これはあくまでも一例にすぎません。該当する自我の機能についての「パーソナリティを構成する要素」と「自我の機能が

**図表 4-20　自我の機能を高める習慣のヒントの例**

| 自我の機能 | 自我の機能を高めるための行動習慣例 |
|---|---|
| 「厳格さ」を司る自我の機能 | □物事の善悪や好き嫌いなどという自分の考えをはっきりさせ曖昧にしておかない。<br>□規則やルールは厳格に守る。また他人にも守るように求める。<br>□時刻を意識し、物事の開始時刻や終了時刻をきっちりと守る。 |
| 「思いやり」を司る自我の機能 | □笑顔で人の話をよく聴く。評価的に聞くなどという相手を評価してしまう気持ちを捨て去り、相手の立場を理解し、相手の気持ちになって真剣に聴く。<br>□1日3人以上、その日関わった人のよいところを見つけ出し、ほめるなどして、それを伝える。<br>□相手への感謝の気持ちを必ず伝える。 |
| 「冷静さ」を司る自我の機能 | □背筋を伸ばして姿勢を正し、間をもつように努める。<br>□相手はどのように考えているのか、背景や行動を観察し分析する。<br>□時間の使い方のセルフチェック・シートを2週間続けてみる。<br>□タスク設定シートを活用し、考えてみる。<br>□週間行動計画表を活用し、日々の行動を管理する。やることと、それに見合った時間とタイミングを意識して行動してみる。 |
| 「創造性」を司る自我の機能 | □何事も一番に行動する。<br>□楽しい映画を観たり、空想的な本を読む。<br>□自分から冗談や楽しい話を相手に持ちかける。 |
| 「従順さ」を司る自我の機能 | □素直になってみる。<br>□相手の気持ちを優先し、自分の気持ちを抑える。 |

高い場合の想定されるプラスの傾向」を参考に、自分自身がそれを高めることができるような行動原則を考え実行してみましょう。

## （3）行動習慣を決める

　自分に必要な自我の機能を高める習慣のヒントを例示しました。これらは、ドライバーによる駆り立てられる衝動の影響を受けないようにすることにも間接的には機能しますし、直接的には必要な自我の機能を高めることにつながります。行動習慣を身につける前の心の状態の習慣化としての、自分に必要な自我の機能を高める習慣化ですが、それと自分自身に必要なタイム・イノベーション®のスキルを身につけるための習慣化が同時にできるような行動原則を工夫してつくると一石二鳥ですね。

## （4）行動を起こさせる環境づくりと続けるための工夫

　行動を習慣化するには、まずその習慣化したい行動をとるための時間が確保されていることが前提となります。何か行動したいと思っても時間がないと行動できません。まず、行動を起こせる環境を整えることが大切です。
　次に、「面倒くさいなぁ」「やっぱりやめておこう」などという思いによって行動に至らない、という壁を乗り越えなければなりません。とにかく、行動を習慣化して続けたときのメリットをよく考え

て、数ヵ月あるいは数年後の習慣化に成功したときと、今やめてしまった場合の差を明確にし、行動を起こしてみることです。

　メリットがあるのになぜか行動できないときは、それは「やれない何かがあるのか？」、ただ「やらないだけなのか？」を自分に問うてみてください。「やれない何かがある」という結論に至った場合は、「やれない原因」を挙げて、原因をつぶしていく必要があります。ただ、身体能力や物理的に無理なことではない限り、たいていは「やらないだけ」のことで、それを自分以外のせいにしようという心理が働いて「やれない」と勝手に思い込んでいるにすぎないことに気づくと思います。

　一度行動を起こしましょう。一度行動を起こすことができれば、次回も行動を起こすことができるはずです。無理なく始めて、無理なく続けられるように、最初は軽め、少なめに、そしていかに楽に楽しくできるかを工夫し、できたときの自分へのごほうびなどを考えて続けてみてください。

　続けることについては、経験則などから諸説あるようですが、例えば「時間の使い方のセルフチェック・シート」を2週間続け、その後「タスク設定シート」を活用して「週間行動計画表」に基づき行動することをその後2週間続けると、「タスク設定シート＋週間行動計画表」の活用はその後は無理なく続けられるようです。

## （5）目標による管理を習慣化する方法

　目標管理を導入している企業は多いと思います。目標管理とは

会社における自分の仕事で、半年や1年という期間を設定し、どのような成果を達成するか目標を定め、達成するための行動計画を立てて日々の行動を管理するというものです。要するに、達成成果を管理するというものではなく、成果を上げられるように日々の行動を管理していくことが主旨です。したがって、「目標による管理」が正しい表現であるとも言われています。

　繰り返しますが、目標によって自分の行動を管理するのが目標による管理の主旨です。自分で立てた目標ですから、自分のために達成したいという内発的な動機が働き、行動を起こし、達成に導くということです。

## ①初詣は目標による管理としての優れたシステム

　多くの人は、仕事については目標による管理を行っているのだと思います。しかし、もっと大切なあなた自身の目標については、目標による管理を行っていますか。自分自身としての達成したいこととして考えればキャリア形成や能力開発などもあるのではないでしょうか。

　さて、話は変わりますが、あなたは毎年お正月に初詣には行かれますか。多くの方は初詣に行くと思います。そしてそこで、今年の願いがかなうように神様にお願いしたり、自分の目標を神様の前で誓ったりします。

　実はこの初詣は、私たち個人の「目標による行動管理」として大変に優れたシステムだと思っています。そして、私は初詣の正しい行い方ということを聞き、それを実践しています。宗教的に本当に

正しいのかどうかは実際のところはよくわかりませんが、個人の「目標による行動管理」のシステムとして大変よい仕組みだと思っています。

次に、私が聞いた初詣の正しい行い方と、私が実践していることを紹介します。

**②初詣のお願い事は前年の8月下旬から考え始める**

初詣は、新年を迎えてから神社に行って今年の願いがかなうように神様にお願いしたり、自分の目標を神様の前で誓ったりするのでは手遅れなのだそうです。初詣でお願いしたり誓うために、前の年の8月下旬頃から今年の自分の目標に対しての達成状況を振り返ったり、様々なことを考えて来年の行いたいことやかなえたいことを考え始めるのだそうです。そして、10月の中旬まで（正確には10月16日までという説を聞いたことがあります）の間に、2日間かけて来年の初詣でお願いしたり誓おうと思うことを考え抜き、祈願書に書きしたためるのだそうです。仕事における目標による管理と同様、しっかり現状を分析して問題点や課題を抽出し、自分自身の目標を設定するということになります。しかも1ヵ月半近くかけて構想し、最後には2日間かけてまとめ上げるということになります。

より専門的に説明すると、2日間かけて祈願書にまとめ上げるときには、まず部屋の片づけと掃除を行い、みそぎをして身を清めてから集中して考えそして書くのだと言われています。自己流の解釈ですが、整理整頓を行いすっきりとした環境で、しかも風呂に入っ

て思考状態をもすっきりさせて取り組むというのは理に適っていると思っています。

### ③初詣のお願い事にはエントリー期間がある

　仕事における目標は会社の目標による管理の制度に従い設定したものの、日々あまり意識せずに過ごしてしまい、評価時期近くにあわてて帳尻合わせを行うのが常という人も多いようです。

　さて、自分で立てた目標を覚えていなければ、その目標達成のために毎日の自分の行動を管理することもできません。目標は、具体的に、測定可能なように、イメージ化しやすいように設定し、目標の水準は達成可能かどうか五分五分のレベルにするのが自分の頑張りを引き出し成果が上がると言われています。走り高跳びの選手も、目標とするバーがあるからそれを超えるように高く跳躍できるのだそうで、バーがあるのとないのとでは記録に違いが出るということを聞いたことがあります。自分の経験でも確かにそれは言えると思っています。

　さて、自分のための目標による管理の仕組みである初詣の話に戻りますが、10月の中旬までに作成した祈願書を持って、10月中旬から11月下旬前まで（正確には10月16日から11月24日までという説を聞いたことがあります）の間に神社にお参りに行き、そこで神様に祈願書の内容を伝え、エントリーしなければならないのだそうです。神社での参拝の作法に習い、心の中で祈願書の内容、自分の住所、氏名、生年月日を唱え、エントリーが完了します。

　このプロセスの素晴らしいところは、神様に心の中で祈願書の内

容をお願いすることによって、自分の頭にしっかりと目標を焼きつけるという点です。

　なお、エントリー期間は10月中旬から11月下旬前までとなっていますが、エントリー後でも期限内であれば、再検討の上祈願内容を変更することもできるとされています。

### ④いよいよ初詣に

　前年の8月より11月下旬前までかけて練り上げ、目標達成に向けての意識づけを行ってきた自分自身の目標を、新年の始まりの初詣で再確認と宣言を行って1年が始まります。一説によると、少なくとも初詣は元旦と1月3日の2回行き、自分の目標を心の中で誓うのだそうです。

### ⑤初詣のプロセスには進捗管理もある

　2月には節分という行事がありますが、これは元旦から節分までの自分の行動を振り返り、目標通りに進んでいるか、うまくいっていなければどのように立て直すかを考えて行動計画を練り直し、これまでの厄を払うという進捗管理のプロセスなのだそうです。その後も細かくは、いろいろあるようですが、少なくとも6月末は夏越しの大祓（なごしのおおはらえ）、12月末は年越しの大祓という行事が神社では行われます。それぞれその時点までの厄を払い、進捗を確認するプロセスだということです。

　いかがですか。日本古来のこのようなプロセスも意味をしっかり理解して活用すれば、なりたい自分になり、希望をかなえるための

なかなかよいシステムなのだと思います。

### ⑥毎年、履歴書・職務経歴書を更新しよう

　一通り初詣にまつわる、自己の目標による管理のプロセスについて説明してきました。ここで提案があります。

　８月下旬頃から今年の自分の目標に対しての達成状況を振り返ったり、様々なことを考えて来年に行いたいことやかなえたいことを考え始めるということを書きました。このときまでに、毎年自分の履歴書と職務経歴書を更新し、来年の能力開発やキャリア形成課題を考えて祈願書に盛り込もう、というのが私からの提案です。

# 第5章

# タイム・イノベーション® の組織的活用

# 1 組織における タイム・イノベーション®の活用

　これまで紹介してきたタイム・イノベーション®は、「はじめに」でも書きました通り、組織で活用していただくと、個人個人で行うことに輪をかけて効果を発揮します。

　時間外勤務時間の削減を目的に研修を導入した企業（本社415名、グループ全体で743名）での実績は図表5-1の通りでした。

**図表5-1　タイム・イノベーション®の導入実績例**

| タイム・イノベーション®導入実績例 | | 時間外勤務時間（月平均） | 時間外手当（月平均） |
|---|---|---|---|
| 本社 415名 | 前年同月との比較 | ▲2,877時間 ▲33% | ▲686万円 ▲33% |
| | 導入前の月との比較 | ▲2,270時間 ▲28% | ▲525万円 ▲27% |
| グループ 743名 | 前年同月との比較 | ▲7,140時間 ▲41% | ▲1,164万円 ▲33% |
| | 導入前の月との比較 | ▲5,975時間 ▲36% | ▲1,048万円 ▲31% |

　この企業はそれまで時間外勤務削減の努力をしていたのですが、それでも導入後にはそれまで以上の成果が出ました。また時間効率化のスキル習得ばかりではなく、時間を使いこなす側の人間の心理

面からのアプローチにより、人生の脚本に至るまでの時間価値の根本まで、自分自身で納得できる望ましいものにするということまで行ったことが大きな成果につながったのだと思います。

したがって、時間の効率化とともにそれまで以上に成果を創出し、さらに従業員の方々のワーク・ライフ・バランスの向上にもつながりました。

ここでは、組織的にタイム・イノベーション®を導入し、成果を上げるためのポイントを説明していきます。

## （1）トップの行動

経営の仕組みにしても、タイム・イノベーション®のようなノウハウやスキルにしてもそれらを導入・活用して成果を出していくには、トップ自身が自ら積極的に推進していくことがまず必要です。

たとえそれほどすごい仕組みやノウハウ・スキルではなくとも、トップが信念をもち、社員にそれらを活用した行動を要求し続けることが大切なのです。社員1人ひとりにとっては、少しの行動の変化であっても、全社で取り組めば、会社全体として大きな成果に結びつくことが多いものです。揺らぐことなく全社が一丸となって、同じ行動をとることが成果を上げていくことの鍵になります。

タイム・イノベーション®は、導入する企業や組織のトップ自らが旗振り役となり、全社あるいは組織単位で取り組んでいければ、図表5-1に揚げたような大きな成果が生み出されるのです。心理学、行動科学をはじめとする多くの理論を応用し実践活用の結果に

基づいているわけですから、理にかなったノウハウでありスキルなのです。組織人の側面でも、個人の人生の価値を高めていくという側面でも、高い成果が期待できます。

導入に際しては、考え方から行動の仕方まで、人によっては大きな変革が求められることになるかもしれませんが、本来知っておくべき事柄であり、相互に関連性がある事柄なのです。個人として習得されると、これらのノウハウやスキルの相乗効果が各個人としても期待できます。そして、組織単位で活用すれば、その組織の成果は非常に高いものになります。

したがって、導入される場合には、企業・組織のトップが強い信念をもち、途中で揺らぐことなく、粘り強く導入・定着を進めていくことが最も重要になるのです。もちろん、自らも習得実践していくことが、導入・定着の成功の秘訣です。

## （2）組織に横たわる問題の発見と解決

組織でタイム・イノベーション®を活用し成果を上げるための2つ目のポイントは、導入する企業あるいは組織の時間生産性を妨げている問題を発見し解決することです。組織の時間生産性の向上には組織に横たわる問題を発見し解決することが必要だということです。

社員各人のタイム・イノベーション®に関するスキルを高めると同時に、企業・組織における業務遂行の仕組み、プロセス、業務遂行の方法などに問題があるとすれば、問題を発見し、解決するこ

とで飛躍的に時間効率を高めることができます。

　ちなみに、図表5-1に表されている実績は、組織における問題発見と解決を行わず、各人のタイム・イノベーション®に関するスキルを高めただけの実績です。それでも、743名のグループ全体で、ひと月の時間外手当だけでも1,000万円以上削減できてしまったわけです。1年では1億2,000万円以上の削減ということになりますから、かなり効果があるのではないでしょうか。そして、時間外勤務の時間数にしても約40%近く削減できていますから、その分の時間を、家庭のことやリフレッシュ、自己開発などに有効活用すれば、それがまた仕事の時間生産性の向上にもつながり、好循環が生まれてきます。そこでさらに、組織に横たわる問題を発見し解決するということを加えると、さらなる時間生産性の向上を実現することができます。

　本書では、タイム・イノベーション®のレベル1と呼ばれる内容の一部をご紹介しています。タイム・イノベーション®は、総合力をつけるためのレベル1に始まり、さらに時間価値を高めるための高度なノウハウを習得していくことができるように、レベル4までの段階があります。前述の企業や組織のトップ、あるいはリーダーとしての行動をとることを前提に、レベル4までの習得に加え、組織に横たわる問題の発見・解決を行えば、時間生産性を飛躍的に向上させることができるということです。

## (3) 組織行動としての3つの段階

　タイム・イノベーション®の考え方、ノウハウとスキルについて、「第１章　時間にまつわる問題とタイム・イノベーション®」と「第４章タイム・イノベーション®の８つのスキル」では主に個人に焦点を当てていました。企業や組織としてのタイム・イノベーション®の成果創出という観点では、組織における個人としての考え方、ノウハウとスキルということになります。

　組織としての成果を考える場合、その行動には①個人から始まり、②グループ、③組織システムという段階があります。

---

**組織行動としての３つの段階**
①個人レベルの段階
②グループレベルの段階
③組織システムレベルの段階

---

　②のグループレベルの段階は、単に個人の行動を合算しただけではグループとしての相乗効果は生まれません。企業における組織単位でタイム・イノベーション®の成果創出を意図する場合も同様です。そこで成果を上げるためには、単に個々人の行動の合算だけではなく、集団規範、集団凝集性と生産性の向上ということを視野に入れたリーダーシップの発揮が必要です。そして、後に説明しますが、タイム・イノベーション®は、集団規範のベースとして大いに機能するのです。

③の組織システムレベルの段階では、単なるグループの集積だけでは太刀打ちできません。したがって、企業としてのタイム・イノベーション®の成果創出を意図する場合も同様です。組織の構造、組織の使命・機能の設計と期待する成果の明確化、職務設計が組織の行動に作用し、組織の公式の業績評価や報酬システムが組織内の人々に影響を及ぼし、組織の文化が組織の人々の行動を形づくっていくということを視野に入れる必要があります。この意味でも、前述の「トップの行動」と「組織に横たわる問題の発見と解決」は非常に重要なのです。

## （4）グループレベルでの活用

### ①集団規範の存在

　集団やグループを、まとまりのない雑多な集まりとしてではなく、特定の目的を達成するために集まった、互いに影響を与え合い、依存し合う複数の人々の集まりという位置づけでとらえると、集団あるいはグループをとらえることを前提とすると、次のことが言えます。

　そこでは、各人に役割とともに、集団の規範が存在しています。例えば、服装や仕事への態度、仕事の進め方などです。このような規範の形成には、公式的集団としては組織のリーダーの行動が大きな影響を及ぼしている一方、職場の社交的なつき合いの必要性などにより自然に形成された非公式的集団の影響もあり、それらが複合されて現状に至っていることになります。

　集団のメンバーは、集団に受け入れられることを望むので、集

団の規範には同調する傾向があります。集団の中の多くのメンバーが間違った認識に立っていて、それが明らかに間違っていると認識していても、他のメンバーの答えと一致するように間違った回答をしてしまうという実験結果もあるようです。その実験結果では、35％の割合で同調し、間違った答えであると認識していながら、他のメンバーの答えと一致する回答をしたということです。

　このようなことがありますから、集団のリーダーは、非公式集団の存在も視野に入れ、集団の規範がどのようなものであるかに関心をもち、その集団に影響を与えていかなければなりません。集団にどのような影響を与えると、様々な作用の結果、どのように集団が方向づけられ、動いていくのかということを考える必要があります。

　ここでも言えることは、リーダーが信念をもち、ブレることなく考え方と行動を要求し、その実行度合いをしっかりとチェックし続けていくことが最も着実な方法だということです。リーダーが先頭に立ち、関心を示し、こまめにチェックし評価することによって集団メンバーの意識が高まっていきますので、影響を受けるということになります。タイム・イノベーション®の考え方やノウハウとスキルをまずリーダーが率先して理解し、活用し、評価に活用していくことが、組織でタイム・イノベーション®による成果を上げていくことには欠かせないということです。これが、集団規範のベースとして大いに機能するという意味です。

②**集団凝集性とは**

　集団凝集性という言葉があります。この言葉は、集団のメンバー

が互いに引きつけられ、その集団にとどまるように動機づけられる程度ということを意味します。一般的には、公式集団と非公式集団とが一致すればするほど職場集団としてのまとまりがよいということになるとされており、このような状態を「集団凝集性が高い」といいます。

### ③集団凝集性と生産性の関係

集団凝集性と生産性の関係は、その集団として確立する集団規範によって決まります。集団凝集性が高ければ、メンバーは集団目標に向かって努力します。つまり集団規範の中でも、業績関連の規範が高い場合には、集団凝集性の高い集団は、凝集性の低い集団よりも生産性が高いということになります。

業績関連の規範が高い場合とは、高い時間生産性や時間価値を求めることなどが該当します。凝集性の高い集団をつくり上げ、業績関連の規範となりうる、タイム・イノベーション®の習得と発揮を高いレベルで求める場合には生産性が高いということになります。

一方、注意したいのが、凝集性は高くても業績関連の規範が低ければ生産性が低くなるということです。また、凝集性が低く業績規範が高い場合には生産性は上がりますが、凝集性も業績規範も高い場合ほどではないと言われています。例えば、業績関連の規範となりうる、タイム・イノベーション®の習得と発揮を高いレベルで求める場合でも、凝集性が低い場合には、凝集性が高い場合ほど生産性が上がらないことを意味しています。

集団の生産性を上げるためには、業績関連の集団規範のレベルを

上げ、集団凝集性を高めることが重要だということです。集団の業績規範として、タイム・イノベーション®の習得と発揮を位置づけるのは大変に有効なことです。

### ④集団凝集性を高めるには

では、もう一方の集団凝集性を高める方法として、どのようなことが挙げられるでしょうか。次の事柄が言えると思います。

①集団目標に対する合意を高めること、②集団を小規模にすること、③メンバー同士が共同したり、ともに過ごす時間を多くすること、④集団のステータスを高めること、⑤他の集団との競争を促進することなどです。これらの1つあるいは複数を行ってみるのがよいと思います。

### ⑤集団凝集性を望ましい方向に向けるには

集団凝集性が高くても、それがマイナスに働くのでは意味がありません。プラスに働かせるためには、以下の事柄も考慮するする必要があります。

---

**集団凝集性を望ましい方向に向けるためのリーダー行動**

①異質な情報を受け取る
②集団に適合したリーダーシップ・スタイルをとる
③組織内のパワー・ゲームに巻き込まれない

---

①の異質な情報を受け取るということについては、8つのタイム・

イノベーション®のスキル6のコミュニケーション対応をリーダーシップ発揮に活用することで解決に向かうことができます。

そこでは、「相手の話を聴く」「相手の存在を認知していることを伝える」「討議効率」を意識するということについて説明しました。

討議効率を上げるポイントとしては、発言が少ない人が有効な情報や意見をもっていたり、少数意見の方が実は有効な意見だったりするものなので、それを逃さないために、「聴く」ことと「相手の存在を認知していることを伝える」ことが重要だと説明しました。

あるいは、その集団のことを集団の外ではどのように評価しているのかという情報もしっかり把握できるようにしておくことも重要です。さらに、そのような情報をとれる仕組みをつくることと、外部からの評価でも異論・批判・忠告・助言に向き合い、それらを活用する工夫が必要です。

また「会議の成果を高める」というノウハウもこの場面では役に立ちます。

②の集団に適合したリーダーシップ・スタイルをとる、③の組織内のパワー・ゲームに巻き込まれない、についての対応方法などは、タイム・イノベーション®のレベル2以降のプログラムに組み込まれています。

## （5）組織システムレベルでの活用

先にも書いた通り、組織システムレベルでの重要な要素は、組織の構造、組織の使命・機能の設計と期待する成果の明確化、職務設計、

組織の公式の業績評価、報酬システム、組織文化などです。これらのうち組織の行動に作用するのが、組織の構造、組織の使命・機能の設計と期待する成果の明確化、職務設計などです。

「組織の使命・機能の設計と期待する成果の明確化」のイメージは以下の図表 5-2 のようなものです。

現状の組織における経営機能の使命・機能・業務プロセス、そして各経営機能の具体的な成果を分析した上で、上記のように組織の使命・機能を再設計し、期待する成果を決める必要があります。

組織に横たわる問題を発見し、解決する場合や、現状の組織の経営機能の使命・機能・業務プロセス・各経営機能の具体的な成果を分析して組織の使命・機能を再設計する場合などは、プロジェクトで行うことが多いと思います。8つのタイム・イノベーション®・スキルの5番目の「順序構成」で説明した、「プロジェクト・マネジメントの場合のポイント」などを活用していただきたいと思います。

話をもとに戻しますが、組織内の人々に影響を及ぼすのが、組織の公式の業績評価や報酬システムです。そして、組織の人々の行動を形づくっていくのが組織の文化です。

組織システムレベルの時間生産性を高めていくベースとしてもタイム・イノベーション®は非常に有効に機能します。タイム・イノベーション®をよりよく機能させるためにも、組織システムレベルで先に挙げた組織の構造、組織の使命・機能の設計と期待する成果の明確化、職務設計、組織の公式の業績評価、報酬システム、組織文化などの重要な要素との関係に配慮した導入が必要です。

### 図表5-2　タイム・イノベーション®の体系

レベル1～4までのテーマ

**レベル1　タイム・イノベーション®のノウハウとスキルの習得による時間価値向上**
①時間にまつわる問題、②時間の使い方の診断、③駆り立てるもの、禁止のメッセージの関係と解決方法、④タイム・イノベーション®の8つのスキル、⑤組織におけるタイム・イノベーション®の活用

**レベル2　コミュニケーション力強化による時間価値向上**
①パーソナリティの分析、②パーソナリティ形成のプロセス、③自己の駆り立てるもの、禁止のメッセージと対処方法の探究、④コミュニケーション分析と成果向上に向けた強化方法I、⑤望ましいパーソナリティ形成への変革方法

**レベル3　ビジネスにおける思考力伝達力強化による時間価値向上**
①経営の視点からの状況分析の方法、②成果を上げる一手、③成果を生み出すコンセプトのつくり方、④行動に結び付く伝達方法

**レベル4　人生ビジョンの再構築と影響力強化による時間価値向上**
①コミュニケーション分析と成果向上に向けた強化方法II、②こじれる人間関係への対処、③人間関係を良好にする方法、④自己の影響力の源泉の分析と改善、⑤自己の人生の脈絡探求と人生ビジョンの再構築

**図表 5-3　組織の使命・機能の設計と期待する成果の明確化のイメージ**

| 組織(機能)名 | 使　　命 | 機　　能 |
|---|---|---|
| 経営企画 | ■短・中・長期の利益拡大構造の構築とそれに基づく全社活動推進 | □戦略情報（社内社外）の収集分析評価と活用（リサーチ＆アナリシス）を行う<br>⇒市場・チャネル・競合・技術情報の収集、分析、評価、活用<br>□経営戦略の策定・推進を行う<br>⇒コンセプトの設計、ビジネスモデルの構築を含む<br>□全社短・中・長期の経営計画の策定・推進を行う<br>□新規事業の開発と事業計画の策定及びアライアンスの構築を行う<br>□MBOの推進と業績指標の確立・運用を行い、業績管理を実施する<br>□マネジメントの仕組みの確立と強化を行う<br>□組織体制・ビジネスプロセスを設計し、管理を行う |
| 財　務 | ■財務体質の強化、効率的資金調達、資金運用の推進 | □財務戦略を策定し実施する<br>□資金調達計画を策定し実施する<br>□資金運用を行う<br>□売掛買掛管理を行う<br>□為替管理を行う |
| 経　理 | ■単年度事業計画に基づく予算の作成と、予算の効率的な運用の推進<br>■財務会計及び管理会計情報の正確かつ迅速な提供 | □財務会計制度の維持・運用を行う<br>□迅速な月次、四半期、半期、年次決算を行う<br>□税務を行う<br>□経理業務の効率化（少人数化）を実現する<br>□管理会計制度の見直しと運用を行う<br>□予算管理を行う |
| 営業・マーケティング | ■提案営業による集客の拡大と効率的営業による収益の拡大 | □エリア・チャネルマーケティング戦略の策定・推進を行う<br>⇒One to Oneマーケティングの仕組みを構築し運営する<br>□提案営業の仕組みづくりを行う<br>□営業の業績管理方法の開発とその活用を行う<br>□新チャネルを開発する<br>□営業情報の収集・分析・評価・活用を行う<br>□効率的営業体制を構築する |

出典：『人物の本質を見極める採用面接術』(西村秋彦著) P66～67、産業能率大学出版

| 機能詳細と期待する成果 |
| --- |
| 事業計画策定前に、事業を取り巻く経営環境の評価を行い各部に提供する。<br>全社中・長期計画を策定する。<br>　　　　・投資・回収計画<br>　　　　・資金調達方針策定と資金調達計画の把握・管理も含む<br>全社単年度経営計画ガイドラインを作成する。<br>業績指標を確立し運用する。<br>既存事業の計画については、達成率100％。<br>新規事業を創始し、○○年までに売上高○○億円、収益○億円とする。<br>マネジメントの仕組みを再構築し定着させる。<br>ビジネス・レビュー・ミーティング企画・実施（事務局）を担当する。<br>マネジメントに対する経営管理レポートの作成、提供（経理・財務との連携）を毎週行う。 |
| 単年度、中・長期経営計画に基づく資金計画を策定し実行する。<br>協調融資契約条件の緩和策の交渉と新たな資金調達策の検討、交渉を行い○○を実現する。<br>協調融資契約に基づく担保管理を行う。<br>資金管理、資金繰りシミュレーションを行う。 |
| 単年度事業計画に基づく全社予算を作成する。<br>予算の効率的な運用（予実管理、稟議運用、支払い、現預金管理）を行う。<br>税務調査、監査（会計士、社内監査、ライセンサー）対応を行う。<br>月次、四半期、半期、年次決算の作成と決算手続きを○○日への短縮を実現する。 |
| マーケティング戦略を構築し、これに基づく営業活動を実施する。<br>　　　　（代理店向け）<br>　　　　　……<br>　　　　（直販）<br>　　　　　……<br>ターゲット別の攻略計画の策定と実施をする。<br>販売促進ツールの開発と製作を行う。<br>△△領域の提案営業実施率○○％<br>新規顧客開拓○○％<br>営業の業績管理方法の開発とその活用により営業目標を必達する。 |

部刊（2012年）

# おわりに

　私がタイム・イノベーション®の方法を考え始めてかれこれ25年になります。既存の時間効率化の方法では、私個人にとっても、組織にとってもそれほど大きな成果が得られないと感じたのがそのきっかけでした。

　そして既存の時間効率化の方法で成果が上がらない一番の原因は、人間そのものが変わらないことにあるとそのときに気づきました。時間の使い方には、それぞれの人の価値観や人生の生き方が反映されます。しかも、最も難しいことは、多くの人は生まれてから幼児期までに大部分が形成されている「パーソナリティ」や「衝動に駆りたてる心の命令」「禁止のメッセージ」「無意識に選択した人生計画」というものの存在があるということです。生まれてから幼児期までに大部分が形成されているのですから、私たちはこれらの存在とその脈絡を理解することなく過ごしています。そして、これらによって、頭で考えていることと行動に違いが生じたり、思い込みや衝動が起こったり、ある特定の感情に浸る傾向を持ったりするのです。このような人々が抱える多くの問題を解決しない限り、真の時間効率化も実現しないだろうと考えたのです。

　効率とは一般に仕事の能率のことであり、それは一定の時間に出来あがる仕事の割合ということになります。このような効率や仕事

の能率も高め、さらにその人の人生における時間価値も高めるものでないと人はなかなか真剣には取り組めないと考えたのでした。

したがって、時間の効率化のみならず自分自身の時間価値の最大化をテーマとしてタイム・イノベーション®を開発してきました。既存の様々な時間効率化の方法の枠を超え、心理学をはじめとする有効な理論も取り入れました。自分自身と組織における実践活用とその評価を継続し、実践的なノウハウのスキルになるように開発してきました。

この度は、(学)産業能率大学総合研究所の緒方久人さんと産業能率大学出版部の福岡達士さんのご尽力により、長年開発に取り組んできたこのタイム・イノベーション®を書籍として出版する機会を得ました。また、出版に至るまでの間も貴重なコメントや提案をいただきました。本当にありがとうございました。

最後に、読者の立場で校正を手伝い、意見をくれ、忍耐強く支援をしてくれた妻と娘に心から感謝を述べたいと思います。

2013年8月

西村秋彦

# 付録

## タイム・イノベーション® 関連フォーマット

- 時間の使い方セルフチェック・シート
- タスク設定シート
- 週間行動計画表

■ 時間の使い方のセルフチェック・シート（自分自身のケーススタディ）1日用

| / | スケジュール | アクチャル | 振り返り |
|---|---|---|---|
| | | | 自分の時間の使い方を客観的に見る。該当する項目に✓をつけコメントを書く。<br>□ 人生ビジョンにつながる時間の使い方だったか。<br>□ 目指すキャリアの形成につながる時間の使い方だったか。<br>□ 本日達成すべき成果につながる時間の使い方だったか。<br>□ 習慣特性によって阻害されることはなかったか。 |
| 6 | | | |
| 7 | | | |
| 8 | | | 自分の習慣の特性を明らかにし、自己革新につなげる。①～⑧について書く。<br>① 自分にはどんな時間の使い方の習慣があるのか。<br>② 時間の使い方35のチェックリストに該当する習慣化された衝動はないか。<br>③ うまくいったこと、うまくいかなかったことを分析する。<br>④ 振り返って無駄と思う時間とその原因は何か。<br>⑤ もっと時間をかけたかったこと、他の人に任せてもよかったこと、そもそもなぜ時間をかけるのか疑問に思うことはなかったか。<br>⑥ 今日やっておくべきだったこと／今日やらなくてもよかったことは何か。<br>⑦ 他人の時間の妨げをしたこと、妨げになったことは何か。<br>⑧ 明日以降気をつけることは何か。 |
| 9 | | | |
| 10 | | | |
| 11 | | | |
| 12 | | | |
| 13 | | | |
| 14 | | | |

●付録　タイム・イノベーション®関連フォーマット

203

# ■ タスク設定シート

| 状況分析 | | | | 項目列挙 / 時間構造化 | |
|---|---|---|---|---|---|
| 問題意識記入 | 状況整理 | ゴール設定 | 優先順位 ◎○△× | ゴール達成のタスク | 投/時 |
| ●気になること、もやもやした問題意識を書き出す | ●やらなければならないこと、やりたいことをリストアップする | ●やらなければならないこと、やりたいことの①目的、②目標、③実施時期を決める | | ●細かく分解してリストアップ | |

● 付録　タイム・イノベーション® 関連フォーマット

| 潜在問題対処／時間構造化 | | | 潜在問題の原因分析 | 予防対策 | 投入時間 | 発生時対策 | 投入時間 |
|---|---|---|---|---|---|---|---|
| ●タスクを妨げるリスク<br>●タスクを妨げるような不安なことがありますか | 発生可能性<br>3, 2, 1, 0 | 重大性<br>3, 2, 1, 0 | ●対処すべきリスクの原因は何ですか | ●不安なことを予防する対策はありますか、タスクに加えますか | | ●不安なことが起こった場合、いつ、何をしますか | |
| | | | | | | | |

205

## ■ 週間行動計画表

| 年　　　月 | / （月） | | / （火） | | / （水） | |
|---|---|---|---|---|---|---|
| | スケジュール | アクチャル | スケジュール | アクチャル | スケジュール | アクチャル |
| 0 | | | | | | |
| 1 | | | | | | |
| 2 | | | | | | |
| 3 | | | | | | |
| 4 | | | | | | |
| 5 | | | | | | |
| 6 | | | | | | |
| 7 | | | | | | |
| 8 | | | | | | |
| 9 | | | | | | |
| 10 | | | | | | |
| 11 | | | | | | |
| 12 | | | | | | |
| 13 | | | | | | |
| 14 | | | | | | |
| 15 | | | | | | |
| 16 | | | | | | |
| 17 | | | | | | |
| 18 | | | | | | |
| 19 | | | | | | |
| 20 | | | | | | |
| 21 | | | | | | |
| 22 | | | | | | |
| 23 | | | | | | |

●付録　タイム・イノベーション® 関連フォーマット

| / | (木) | / | (金) | / | (土) | / | (日) | |
|---|---|---|---|---|---|---|---|---|
| スケジュール | アクチャル | スケジュール | アクチャル | スケジュール | アクチャル | スケジュール | アクチャル | 0 |
| | | | | | | | | 1 |
| | | | | | | | | 2 |
| | | | | | | | | 3 |
| | | | | | | | | 4 |
| | | | | | | | | 5 |
| | | | | | | | | 6 |
| | | | | | | | | 7 |
| | | | | | | | | 8 |
| | | | | | | | | 9 |
| | | | | | | | | 10 |
| | | | | | | | | 11 |
| | | | | | | | | 12 |
| | | | | | | | | 13 |
| | | | | | | | | 14 |
| | | | | | | | | 15 |
| | | | | | | | | 16 |
| | | | | | | | | 17 |
| | | | | | | | | 18 |
| | | | | | | | | 19 |
| | | | | | | | | 20 |
| | | | | | | | | 21 |
| | | | | | | | | 22 |
| | | | | | | | | 23 |

### ◆参考文献◆

- 『産業・組織心理学』　山口裕幸、髙橋潔、芳賀繁、竹村和久著　有斐閣、(2006年)
- 『人物の本質を見極める採用面接術』　西村秋彦著　産業能率大学出版部、(2012年)
- 『続セルフコントロール』　池見酉次郎、杉田峰康、新里里春著　創元社、(1979年)
- 『脳の意思決定メカニズム』　ガーディナ・モース著/松本直子訳　October 2009 Diamond Harvard Business Review
- 『新しい自己への出発』　岡野嘉宏、多田徹佑著　株式会社社会産業教育研究所、(1999年)

### ◆登録商標◆

- **タイム・イノベーション**®は西村秋彦の登録商標です。(登録第5507084号)

# ◆索　引◆

## [あ行]

相手の存在を認知していることを伝える　162
相手の立場になって話を聴く　161
アドバイス記入シート　57、68
アドバイス記入シート　記入例　70
意思決定　6、9
エントリー　179
エントリー期間　180
往路分析　148
「思いやり」を司る自我の機能　31
親の心理状態　15

## [か行]

会議の成果を高める　164
価値観・判断基準　9
駆り立てるもの　23
感覚・知覚　9
感情　6　7
感情体験　14
感情のもち方　10
管理職やリーダーに求められる実行管理スキル　169
気質　7

キャリアビジョン　106
禁止のメッセージ　23、25
クリティカルパス　146
クリティカルパス法　147
グループレベルでの活用　189
グループレベルの段階　188
ケーススタディ　57
ケーススタディのアドバイス例　72、73
ケースで学ぶ時間の使い方　57
「厳格さ」を司る自我の機能　29
行動　5、6、7、9
行動習慣を決める　175
行動習慣を身につける前の心の状態の習慣化　173
行動を起こさせる環境づくり　175
項目列挙　128
心の充実を図る時間の使い方　91
心の命令　23、24
個人レベルの段階　188
コミュニケーション対応　161
コミュニケーションの重要性　161

## [さ行]

自我の機能を高める習慣のヒント　173

時間価値　　*4、5、17*

時間価値を決める要素　　*6*

時間価値を高める具体的な方法　　*57*

時間価値を高める要素　　*11*

時間構造化　　*136*

時間投資　　*17*

時間に関する感覚　　*57*

時間にまつわる問題　　*2、12*

時間の価値　　*2*

時間の性質　　*2*

時間の性質にまつわる3つの考え方　　*96*

時間の性質ゆえの問題　　*2、12*

時間の使い方35のチェックリスト　　*20、40、41*

時間の使い方のセルフチェック・シート　　*100、102、105、202、203*

時間の使い方のセルフチェック・シート記入例　　*103*

時間を活用する側の人間が抱える問題　　*3、12*

時間を有効な経験に変換する時間活用術　　*14*

仕事のおける役割　　*106*

仕事の優先順位の考え方　　*126、127*

実行管理　　*169*

自分が望む人生のビジョン　　*109*

自分自身の人生における目標　　*106*

自分との約束時間　　*96、97*

自分に必要な自我の機能を高める習慣のヒント　　*113*

自分の時間の使い方を分析する　　*100、111*

習慣化　　*173*

週間行動計画表　　*112、152、154、206、207*

週間行動計画表の活用方法　　*153*

週間行動計画表の記入例　　*158、159*

習慣的性格　　*8*

「従順さ」を司る自我の機能　　*37*

集団規範の存在　　*189*

集団凝集性　　*190*

集団凝集性と生産性の関係　　*191*

集団凝集性を望ましい方向に向けるためのリーダー行動　　*192*

自由にできる時間　　*96、97*

順序構成　　*142*

順序構成の方法　　*142*

状況分析　　*120*

人生脚本　　*11、14*

人生の価値　　*17*

人生の究極の目標　　*106*

人生の満足感　　*17*

人生の脈略に気づくための手掛かり　　*20*

人生の目標　　*11*

心理ゲーム　*167*

心理ゲーム（心理的ゲーム）を回避する　*165*

心理的ゲーム　*167*

心理的な禁止のメッセージによる抑制　*17*

ストッパー　*25*

ストッパーによる禁止のメッセージ　*27、108、111*

性格　*7*

セルフチェック・シートの使い方　*101*

セルフマネジメントとしての実行管理スキル　*171*

潜在問題対処　*131*

潜在問題の分析方法　*131*

「創造性」を司る自我の機能　*35*

組織行動としての3つの段階　*188*

組織システムレベルでの活用　*193*

組織システムレベルの段階　*188*

組織におけるタイム・イノベーション®の活用　*184*

組織に横たわる問題の発見と解決　*186*

組織の使命・機能の設計と期待する成果の明確化のイメージ　*196、197*

[た行]

タイミング　*5*

タイム・イノベーション®　*12、14、17、116*

タイム・イノベーション®の体系　*195*

タイム・イノベーション®の8つのスキル　*116、117*

タイム・イノベーション®を意識して過ごす　*94*

タイム・イノベーション®を実現するための前提　*94*

他社との約束時間　*96、97*

タスク図　*147*

タスク設定シート　*112、117、118、120、153、204、205*

タスク設定シートと週間行動計画表の関係　*156*

WBS　*129*

中断時間　*96、98*

討議効率を上げる　*163*

トップの行動　*185*

ドライバー　*23、24*

ドライバーとストッパーという心理的要因　*95*

ドライバーとストッパーのせめぎ合い　*25*

ドライバーによって駆り立てられること　*108、111*

[な行]

人間存在の原点　*7*

望ましいキャリアビジョン　*109、112*

211

望ましい人生計画　　　*109、112*

プロジェクト・マネジメントの場合の
　ポイント　　　*146*

[は行]

パーソナリティ　　　*6、7、10*

パーソナリティを構成する要素
　*8、9、28*

パーミッション　　　*26*

発生時対策　　　*133*

初詣　　　*177*

初詣のお願い事　　　*178、179*

パラメータ　　　*12*

標準時間タイプ　　　*96*

復路分析　　　*149*

フロート　　　*146*

フロート（余裕時間）分析　　　*150、151*

プロジェクト・ネットワーク・ダイアグラム
　*147*

[ま行]

無意識に選択した人生計画
　*3、4、14、22、23、108、111、112、120*

目標時間タイプ　　　*96*

目標による管理を習慣化する方法
　*176*

[や・ら行]

有効な経験の蓄積を促進する術　　　*14*

優先順位のつけ方　　　*124*

予防対策　　　*133*

余裕時間　　　*146*

「冷静さ」を司る自我の機能　　　*33*

## 著者紹介

### 西村　秋彦（にしむら　あきひこ）

Inspire Success　株式會社　西村總研　代表取締役
経営戦略・経営計画・組織・人事のコンサルティングを行う。
山形県鶴岡市生まれ。秋田県立本荘高校、専修大学法学部法律学科卒業。東京理科大学大学院 MOT に学ぶ。
電機機器業界、IT 業界、サービス業界、医療機器業界の各企業の人事部長および経営企画部長を経て現職。

**著書**『人物の本質を見極める採用面接術』産業能率大学出版部、（2012 年）

**活動（一部紹介）**
- オリジナル・コンサルティングおよび研修プログラムである「タイム・イノベーション®」を開発・発表
  【実績例】約700名の企業で1ヵ月あたり時間外手当 1,164 万円（33%）の削減（7,140 時間削減）達成
- 組織・ビジネスプロセスの再設計
  【実績例】180 億円のコスト削減
- 人事制度構築・運用コンサルティング
  【実績例】役割主義人事制度をはじめとした各種人事制度の構築・運用（評価制度、目標管理制度、報酬制度、グレード基準、コンピテンシー、キャリアフィールド等）
- 合併にともなう人事制度統合、上場対策（人事関連）
- 精密機器企業の経営計画・事業計画・活動計画策定と実施のコンサルティング
- 電機機器メーカーにおける組織再設計、組織開発、営業力強化、技術マップ構築、新規事業・新商品開発
- 新事業開発・商品開発、事業計画策定、分社化、M＆A、デューデリジェンス
- サービス、アミューズメント企業等の業績改善、組織再設計、サービス向上、イベント企画の仕組み
- 病院の経営とマネジメントのコンサルティング　他

**主な活動領域**
- コンサルティング
- ■経営戦略・経営計画策定　■人事制度・評価制度・報酬制度・人材開発制度策定・運用
- ■時間価値を高め、生産性向上とワーク・ライフ・バランスを実現する「タイム・イノベーション®」
- ■エクセレント・サービス／顧客満足度向上　■採用、人材の見極め方、人材アセスメント　他
- 研修・人材開発
- ■各種経営・管理職研修、マネジメント研修、ビジネススキル研修
- ■時間価値を高め、生産性向上とワーク・ライフ・バランスを実現する
  「タイム・イノベーション®」の研修版
  TIM「タイム・イノベーション®」（レベル 1〜レベル 4）
- ■管理職のリーダーシップ、マネジメントスキル開発と自己変容を促進する研修
  MBD「マネジメント・ビヘイビア・ディベロップメント」
- ■職場の人材開発を実現する、OJT、OJD、コーチング、メンタリング修得と実践指導研修
  WFS「ウィングス・フォア・サクセス」
- ■人材開発体系、研修企画開発方法、効果的な研修実施方法の指導・支援　他

Inspire Success
**株式會社　西村總研**

〒101-0054　東京都千代田区神田錦町 3 丁目 21 番地
　　　　　　ちよだプラットフォームスクウェア 1180
　　　　　　https://nishimurasouken.co.jp/

## タイム・イノベーション®
―成果を創出する時間の有効活用術―

〈検印廃止〉

| | |
|---|---|
| 著　者 | 西村秋彦 |
| 発行者 | 杉浦　斉 |
| 発行所 | 産業能率大学出版部 |
| | 東京都世田谷区等々力6-39-15　〒158-8630 |
| | 電話　03（6432）2536 |
| | FAX　03（6432）2537 |
| | URL　https://www.sannopub.co.jp/ |
| | 振替口座　00100-2-112912 |

2013 年 9 月 30 日　　初版発行
2020 年 3 月 31 日　　3 刷発行

印刷／渡辺印刷　製本／協栄製本

（落丁・乱丁本はお取り替えいたします）　　ISBN978-4-382-05697-8
無断転載禁止